COMPLIANCE-BASED REGULATION

合规型监管研究

周万里◎著

人民出版社

序　言

　　自 2018 年"合规元年"以来，合规型监管不断涌现并初具雏形，发展成为一种具有创新性的市场监管模式。这场合规型监管模式的浪潮源自 2018 年的"中兴通讯出口管制案"。该案促使我国的法律政策制定者以理性的合规管理视角，聚焦企业内部的合规治理、道德和诚信的价值的问题，颁布了一系列的合规法律法规。从中央层面的《中央企业合规管理指引（试行）》和《经营者反垄断合规指南》等，到地方层面的诸如上海市的《国资委监管企业合规管理指引（试行）》和《经营者竞争合规指南》，都是合规型监管的具体表现。2020 年 3 月起，最高人民检察院在基层检察院试点企业合规改革，尝试"企业合规不起诉"和"第三方监督评估机制"，而国际标准化委员会于 2021 年 4 月 13 日公布的《合规管理体系要求及使用指南》似乎为此提供了技术支持。这一切都不谋而合，似乎都是在践行合规型监管。

合规型监管是指执法机关以合规作为监管手段对市场和企业实施的监管。这是本书对合规型监管的定义。这里的执法机关是广义的，包括行政执法机关、司法机关和公共管理机关，也包括制度制定层面的立法机关。合规型监管的对象主要是企业，关注企业的经营管理行为涉及的合规风险。合规型监管创新之处是"合规"。合规成为正向激励和反向激励的手段，是一种市场友好型的和营商环境友好型的社会治理方式。要想理解和运用合规型监管，前提是对合规有着全面和系统的理解，包括理解它的概念、理念及运作机制。因此，本书第一编阐述合规的概念和原理。在此基础之上，第二编论述合规型监管的技术。第三编进而论述合规型监管的具体运用。第二编和第三编论述的技术和具体运用是开放的和非穷尽的，有着无限的创新空间。本书作为一本专门研究合规的专著，主张合规型监管基于其优点和功能，应当在我国的社会治理体系中得到广泛的使用，尤其是在商法、经济法、经济行政法和经济刑法中，其理论和实践意义更大。

笔者深知合规型监管及其理论体系是与法学、管理学、经济学、心理学和政治学联系紧密，实践性极强。因此，本书囿于篇幅，并没有涉及合规学高等教育、内部调查、合规审计、合规认证、刑事合规等合规型监管的组成部分。笔者期待学界有更多这方面的研究。关于这方面的详细内容，也可参见笔者主编的"大夏合规丛书"。关于合规学高等教育，可参见丛书中的《合规学高等教育及其课程设计》。

"合规型监管"的提法源自我国合规界资深的合规专家胡国辉先生。是他和笔者在 2017 的交流中，使笔者深入思考合规型监管，并进入合规的世界。此后，笔者与华东师范大学法学院于林洋教授深入讨论过合规型监管，也使我受益匪浅。对此，笔者感谢胡国辉先生提供灵感，感谢于林洋教授的分享。

周万里

2021 年 5 月 14 日

目　录

第一编　引论与原理

第二编　合规型监管的技术

第三编　合规型监管的方法及运用

第一编　引论与原理

第一章 引 论

合规重要，而且越来越重要、越来越复杂。那么，究竟什么是合规以及如何有效合规，这是合规学研究的关键问题。从市场监管的角度来看，监管者倡导诚实信用和商业道德，以合规为基础及导向调控经营者的行为，激励企业采取负责任的经营管理行为，逐渐成为一种全新的市场监管模式。在全球的范围内，自21世纪初，合规型监管成为最为前沿的话题。我国的市场监管和企业管理，也融入到合规型监管的浪潮中。

本书的核心命题是合规型监管是一种市场友好型且有助于提高政府监管效率的市场监管的新模式。自2018年中兴通讯出口管制案后，① 合规型监管在实践中崭露头角并日趋成熟。不过，

---

① 周万里、陈泉程：《中兴通讯出口管制案的合规分析》，《新产经》2019年第4期。

相关的研究不仅分散，而且不成体系。本章首先对合规做初步的定义，并阐述合规理念不断得到国家和社会的重视。接着，本章论述几种典型的市场监管模式。最后，本章明确本书的研究问题及思路。

第一节　明确概念

一、合规的概念

（一）合规的一般定义

广义上，合规是指组织为确保其遵守法律法规、组织内部规章制度和道德规范实施的管理行为。具体而言，合规是组织为确保其遵守所有的与组织活动相关的法律、道德、行业和组织内部的要求而实施的内部管理行为。组织作为一般性的概念，涵盖企业的组织类型。此外，组织还包括国家机关、行业协会、非盈利机构和事业单位等。这些组织类型和以盈利为目的的企业一样，都面临合规管理的问题。

我国几乎所有涉及合规主题的规范性文件和合规标准文件，一般都会首先明晰合规的概念，给合规做规范性的定义。例如，国家标准化管理委员会2017年发布的《合规管理体系指南》明确，合规是指"履行组织全部的合规义务"。该合规义务由"合规要求"和"合规承诺"两部分组成。国务院国资委在2018年发布的《中央企业合规管理指引（试行）》中将合规定义为："中央企业及其员工的经营管理行为符合法律法规、监管规定、行业准则和企业章程、规章制度以及国际条约、规则等要求。"银监会在2007年的《商业银行合规风险管理指引》中定义"合规，是指使商业银行的经营活动与法律、规则和准则相一致"。

上述规范性文件对合规的界定有细微的差别，主要体现在合规的主体和规的范围。上述规范文件中的合规主体包括组织和中央企业及其员工。问题是员工或组织的成员是否属于合规主体。笔者认为，员工不属于合规主体。合规是组织的行为，其成员的职务行为归属于组织行为，被后者"吸收"。即使国际标准化组织的合规标准下的合规主体——组织包括"一个人"，也是将其视为主体，而非主体的成员。在规的范围上，上述规范性文件对其界定的范围大小不一。范围最大的规，是国际标准化组织对合规的界定。笔者认为，无论内容如何，只要是规则或要求，都有约束力，都有被遵守意思。因此，合规意义上的规应该是最大范围的规，这样才能体现合规的价值所在存在的意义。

（二）企业合规的概念

狭义上，合规一般特指企业合规。企业合规是指企业实施的确保其遵守法律法规、内部规章制度和道德规范的管理行为。企业合规的目的，是预防违规行为及避免其给企业带来损失。企业管理者和员工的职务行为的后果，归属于企业。员工的不合规行为导致的后果由企业来承担。在该意义上，合规的本质是企业管理者合规和员工合规。

如何确保企业管理者和员工合规，有很多种的方法。这是企业合规学研究的对象。企业法关于管理者合规管理义务的规定，能够激励企业管理者做合规管理。而企业员工的合规，往往是合规管理的核心。为了实现合规管理的目的，即使企业管理者在合规文化和合规管理中扮演重要的角色，其和员工的合规可以一并纳入合规管理体系的范围。除此之外，企业代表人、代理人和包括供应商和经销商的第三方合规，也是合规管理的一部分。这主要是因为在反商业贿赂和反垄断合规中，第三方违规可能会引发企业的法律责任。因此，他们应当被纳入合规管理的对象。

（三）合规思维

1. 合规思维的特点

合规思维包括防范思维和价值思维两个方面。

（1）防范思维

防范思维属于一种预防性思维。在不合规事件发生之前，企业的合规管理关注法律构成要件的情况。法律构成要件是一般抽象的规则，企业理解这些规则往往借助执法机关的指南、具体规定和法院判决等，领会这些规则的意思。在此基础上，企业预防性地采取措施，阻却法律构成要件的实现，从而避免不合规行为的发生。合规合规师在法律后果发生之前，分析和识别合规风险，通过建立合规组织并采取合规措施，预防不利后果的发生，或有意识地引导积极的法律后果发生。企业合规师，如同律师从事尽职调查、草拟和审查合同的工作，因此运用了预防性的法律适用方法。

合规实践中流行的"防范——监查——应对"模式的第一个支柱即为防范。防范成为合规管理体系的核心组成部分。① 属于防范的合规管理要素的，包括行为准则、合规咨询、合规沟通、合规培训、职权保障等方面。②

（2）价值思维

合规思维的根本性特征是价值思维。合规管理的实质是价值导向的管理行为，其最终目的是企业及其员工形成诚实信用和道德的价值认同，亦即企业经营管理行为以诚实信用和道德为基础。在此基础上，企业的管理层和员工从事合规的经营管理行为。合规管理体系的基础是诚实的人做负责任的管理，发展价值导向的企业文化，促进企业在内部和外部实施负责任和有道德的经营行为。③

2. 合规思维与法律思维的联系

典型的法律人思维是事后思考的方式，即只有当具体的案件

---

① Siehe DICO, *Compliance-Management-Systeme*, 2021, S. 14.

② Siehe DICO, *Compliance-Management-Systeme*, 2021, S. 14ff.

③ Siehe DICO, *Compliance-Management-Systeme*, 2021, S. 7.

和事实发生后，他才按照法律规定对其做出法律评价，得出法律结论。例如，违约行为发生后，合同方可能希望继续履行合同，或解除合同并要求合同另一方面赔偿损失。对于这两种不同的选择，合同法中有不同的请求权基础。

不过，法律思维不仅有回顾性，也有策略性的方面。[①] 而策略性思维与合规思维有着紧密的联系。合规是事先思考方式。在不合规行为发生之前，合规主体采取措施预防不利后果的发生。即使是在违规事件发生之后，合规主体采取的一系列合规措施，也是为了更新和完善合规管理体系，从而更好地预防未来类似的不合规行为的发生。

3. 合规思维与经济学思维的联系

对经济学人来说，合规是契约理论、代理人理论和机制设计理论的研究对象。企业管理者主要是通过奖励或惩罚的方式，激励企业管理者和员工"自主地"执行企业的规章制度，从而减少代理成本、提高企业的运作效率。

与合规相关的奖惩、培训、举报和内部调查等制度，本质上就是委托人（即企业管理者）设计的制度或机制，用来减少或避免代理人（即员工）做出有"道德风险"的不合规行为。经济学视角下的企业合规必然是结果导向的行为，合规主体通过在企业内部"设计"合规制度和合规措施来预防不合规行为的发生。

---

① Arthur Meier-Hayoz, "Strategische und taktische Aspekte der Fortbildung des Rechts", *JuristenZeitung* 1981, 417ff.

二、监管的概念

监管是指国家基于经济政策干预市场经济机制和功能的行为。监管作为法律概念，涉及国家和企业之间的法律关系。监管是监管机关事后导向的微观管理，目的是确保市场机制有序运作。调整监管的法被称为监管法。在行业监管中，监管者采取监管手段，实现行业的法律监管的目的。

从国家在监管中渗透的程度来看，监管包括没有国家干预的私人自治监管、国家调控的自治监管、公私合作监管及纯粹的国家监管。① 就合规而言，这四种监管的类型都会涉及。例如，中国化学制药工业协会于 2021 年 1 月发布的《医药行业合规管理规范》，给医疗行业的企业的合规管理提供了具体的指引，属于国家调控的自治监管。

最后，狭义的监管，仅指经济行政的监管，尤其是监管机关根据行政法对市场采取的监管措施。本书论述的监管是广义的概念，包括商事组织法的治理、行政法监管和刑事法规制。公司治理是一种典型的商事组织法的治理或监管方法。行政法上的行政处罚、承诺、行政指导及本书主张的合规承诺，是市场监管的典型刑事。而经济刑法对单位犯罪的

---

① Jan Ziekow, *Öffentliches Wirtschaftsrecht*, 2020, S. 282.

规制及第三方监督评估机制的运用，则是刑法领域的监管的形式。

第二节　合规与合规学科

一、合规理念

合规理念的兴起，主要的推动力恰恰是不合规事件。不合规事件带来的负面影响，不仅涉及涉事的企业，而且给利益相关者及行业带来的负面的影响。这推动了监管机关的专项执法和监管手段的创新，也促使行业协会采取措施解决行业中普遍存在的不合规问题。

2016 年 4 月，国务院国资委就印发《关于在部分中央企业开展合规管理体系建设试点工作的通知》，组织中国石油、中国移动、东方电气集团、招商局集团、中国中铁等五家中央企业开展试点工作，探索开展合规管理体系的建设。2017 年 5 月，习近平总书记主持召开中央全面深化改革领导小组第 35 次会议，审议通过《关于规范企业海外经营行为的若干意见》，提出"加强企业海外经营行为合规制度建设"。这是国有企业全面合规的初步尝试和探索。到 2021 年，所有的中央企业已全部建立合规委员会，宣告央企合规管理的初步成功。①

合规理念得到认可的一种重要标志，是合规的职业化。2021年3月9日，人力资源社会保障部办公厅、市场监督总局办公厅和统计局办公厅正式确定企业合规师的新职业，并明确企业合规师的定义和主要工作任务。该文件确定企业合规师等的新职业，是为了贯彻落实《国务院关于推行终身职业技能培训制度的意见》提出的"紧跟新技术、新职业发展变化，建立职业分类动态调整机制，加快职业标准开发工作"要求，是为了加快构建与国际接轨、符合我国国情的现代职业分类体系。②

合规管理的重点，是企业如何有效地合规，其主要任务是为企业设计出量身定做的合规解决方案。企业从事经营活动，不是处在真空的环境中，而是在一个充满复杂规则的环境中，需要处理诸如合同法、市场监管和刑事法方面的规则。企业在从事国际商事活动时，还必须面对陌生的域外国家和国际组织法律规则。在这种制度环境下，商事规则越来越复杂，合规风险变大，增加了企业的运营风险。有效率地预防和处理合规风险和减少企业合规成本已经成为企业获得竞争优势的一种方式。有效的合规管理成为企业长期可持续发展的必要条件。

---

① 新华社：《中央企业已全部成立合规委员会》，2021年5月14日，见 http://www.sasac.gov.cn/n2588025/n2588139/c18544156/content.html。

② 人力资源社会保障部办公厅、市场监管总局办公厅、统计局办公室：《关于发布集成电路工程技术人员等职业信息的通知》，人社厅发〔2021〕17号。

二、合规学

合规是一门科学，是一门与规则相关的管理科学。合规是管理学、法学、经济学和心理学等学科共同研究的对象。[①] 合规分为"合"与"规"两部分，"规"更多地与法律人的活动相关，"合"则是管理者的工作。合规研究的重点是如何"合"，其次是剖析"规"的问题。

合规有着特定的研究对象和方法，使合规学的产生具有可能。合规学研究的对象是合规，是一种法律、经济和管理甚至是心理学研究的综合体。合规学因此成为跨学科的科学。其次，就方法而言，合规学的方法是法学、管理学、经济学和心理学方法的结合。[②] 现有的任何一种学科方法都不能全面阐释合规学的方法。

合规学成为一门独立的学科，可以发展出很多分支的学科，包括企业合规学、合规管理体系、合规风险、合规心理学和合规职业道德等。在我国现有的高等教育体系中，合规最适合成为法

[①] 参见华东师范大学企业合规研究中心：《企业合规讲义》序言，中国法制出版社2018年版。Adelheid Kühne, Corporate Social Responsibility und Compliance – Psychologische Aspekte regelgerechten Handels und gesellschaftlicher Verantwortlichkeit, in *Compliance – Rechtliche und Psychologische Aspekte*, Lukas von Orelli, Frank J. Schwabe, Karl Hofstetter (eds.), Bern：Stämpfli Verlag, 2020, ff. 93–112。

[②] René Seidenglanz, "Berufsfeld Compliance – Strukturen, Aufgaben, Strategien", in *Compliance – Rechtliche und Psychologische Aspekte*, Lukas von Orelli, Frank J. Schwabe, Karl Hofstetter (eds.), Bern：Stämpfli Verlag, 2020, ff. 51–60.

学的二级学科，其次是成为管理学的二级学科。在合规学研究和发展成熟后，合规学也可以成为一门一级学科。[1]

第三节 市场监管的模式

市场经济是法治经济，市场机制发挥作用需要一定的前提条件和框架，这是源自20世纪德国弗莱堡学派的一个基本观点。[2]正是在该意义上，监管是市场机制发挥作用的必要条件。此外，当今主流的福利经济学以"市场失灵"作为政府干预市场和监管市场的正当性理由。经济学的十大原理中，政府在特定条件下干预市场能够纠正市场的"错误"，解决市场失灵的问题，提高经济效率，是一个重要的经济学常识。[3] 欧盟禁止其成员国对企业提供国家援助，但基于市场失灵的理论，可以集体豁免了成员国对企业的经济援助，也从市场失灵的角度论证国家提供经济援助的经济理性。[4]

---

[1] 参见周万里：《合规学高等教育的构思》，载周万里主编《合规学高等教育及其课程设计》，法律出版社2021年版，第17页。

[2] 参见格伦德曼、里森胡贝尔主编：《20世纪私法学大师》，周万里译，商务印书馆2021年版，第52页。

[3] 曼昆：《经济学原理》，梁小民、梁砾译，北京大学出版社2017年版，第11页。

[4] Wanli Zhou, AbhilfemaBnahmen in der Fusionskontrolle und AusgleichsmaBnahmen in der Banken-Beihilfenkontrolle-einerechtliche und ökonomischeBetrachtung, Springer Press 2015, S. 15.

市场监管的手段是多样的。在目前主流的市场监管手段中，惩罚性监管占主体地位，信息型监管和信用型监管是新型的监管手段，也是备受关注和讨论的监管模式。而合规型监管在我国是一种逐渐成熟的新型的监管模式。在国家推动改善营商环境的大背景下，合规型监管是一种市场友好型的监管模式。

一、市场监管的理由

按照当今主流的福利经济学的观点，市场是配置资源的最好的手段。在理想化的完全竞争的市场环境中，企业只能接受自然形成的商品价格，并对商品的价格不产生影响。现实中的市场并非如此，存在交易成本、信息不对称和市场力量等的"不完美"因素。市场失灵的理论展现市场不完全和不完美的方面，因此推动政府制定规范经济学意义上的经济政策，包含了法律经济政策。市场失灵是指市场机制和社会福利效果没有达到完全竞争条件下的程度。具体而言，市场失灵也有不同的类型，进而有不同的措施化解相应的市场失灵。市场失灵的类型主要包括公共产品、外部效应、市场力量及信息不对称。

（一）公共产品

公共产品是指在使用方面没有排他性的产品。一个人使用某个产品并不能消减另一个人使用该产品的价值。而非公共产品具有私人性和可消减性。公共产品的典型例子是知识、公共秩序和国防。公共产品的这种特征抑制了公共产品的市场供给，导致市场供给不足。国家因此可以成为提供公共产品的主体。公共产品供给的私有化，在现实中也可行。

（二）外部效应

外部效应是指行为人活动的成本没有内化到成本收益的计算当中。外部效应包括负外部效应和正外部效应。企业排放污水、有害气体和噪声污染等对周围环境和社会造成损失，但没有在企业的成本计算中得到考虑，是一种负外部效应。为了解决负外部效应的问题，国家通过制定环境保护法和落实环境法执法，促使企业内化其对外部造成的破坏。从福利经济学的角度来看，我国民法典第七编"侵权责任"即为法律促使侵权人内化负外部效应的规则。

行为人的行为对他人产生积极的效果，而他人为此没有支付相应的成本，产生正外部效应。著作、发明、商标和专利等的创造成果，能够对整个社会产生积极的效果，使每个人都能够享受创造的成果。由此产生的知识是一种正外部效应。如果这种正外部效应不能得到补偿，甚至是阶段性的补偿，就会压抑创造者从一开始就产生的创造的动机。知识产权法便是这样的阶段性地补偿创作者的规则。

（三）市场力量

市场力量是经营者对市场价格拥有控制能力。经济学家用价格超过边际成本的程度，来衡量经营者的市场力量的大小。超过的程度越大，经营者的市场力量就越大，也就意味着经营者控制市场的能力越大，进而具备扭曲市场的价格机制和竞争机制的能力。为了纠正这种因为市场力量过大而产生的扭曲市场竞争秩序的行为，国家主要是通过包括《反不正当竞争法》和《反垄断法》的竞争法来规制市场力量。

企业取得市场力量的一个途径是自然垄断。自然垄断的产生，是因为行业具有固定成本高、可变成本小的特点，使行业中只能存在一个或几个经营者。如果是多个经营者在市场中，经营者就不能收回前期在固定成本方面的投资。这是自然垄断产生的原因。自然垄断的企业因为拥有垄断的地位，掌握商品定价的"权力"，能够实施在完全竞争条件下不能实施的市场行为，尤其是滥用定价权限制或排除竞争。对此，诸如供水、供电和供气等涉及民生的自然垄断行业，由国有企业来经营，以确保企业的自然垄断的地位不被滥用。

（四）信息不对称

信息不对称是指双方或多方之间在掌握信息方面存在不平衡。信息优势方有动机利用信息优势实施机会主义的行为，并且这种行为有可能是损人利己的行为，即"道德危机"的问题。信息劣势方因为在信息上存于劣势状态，不能做出最有效率的选择，即存在"逆向选择"的问题。经济学为了研究这种状态，提出了"委托代理理论"，从合同理论和机制设计的角度，最小化由此产生的代理成本。对于信息不对称，传统的法律经济学、新制度经济学及行为法律经济学有不同的认识。

1. 传统的法律经济学

传统的法律经济学使用新古典经济学模型和理论分析法律问题。其最重要的理论假设是"经济人"。传统法律经济学认为，完全竞争的市场能够实现社会福利最大化，垄断的市场是没有效率。在完全竞争市场中，市场主体之间信息对称，无交易成本产生，能够实现帕累托优化。法律的主要任务是清晰地界定产权，促成交易。① 上述的外部效应、交易成本、信息不对称、市场势力和公共产品等市场失灵的问题为国家干预提供了正当性理由。但传统法律经济学认为，市场机制可以自己纠正这些问题，因为国家干预本身也会失灵，而且干预的成本或许比市场失灵的成本更高。以芝加哥学派为代表的传统法律经济学没有认识到信息不对称问题，认为只要保障交易主体的自由，就能够实现社会福利的最大化。

---

① Ronald H. Coase, "The Problem of Social Cost", *Journal of Law and Economics*, Bd. 3, 1960, p. 1 ff.

2. 新制度经济学

新制度经济学同样以新古典经济学中经济人假设为基础，但对部分假设做了修改，它假设人具有有限理性特征和机会主义倾向。[①] 信息不对称是合同不完全理论研究的出发点，是市场失灵的一种原因。

经济学中的信息不对称是指在主体互动中，一方拥有比另一方更多的关于互动方面的信息。诺贝尔经济学奖获得者乔治·阿克尔洛夫关于美国二手汽车交易市场的论文最先提出了信息不对称问题。[②] 虽然信息不对称给合同一方带来技术创新的激励，但它同时也会造成不公平的交易，产生逆向选择和道德危机问题。比如，卖方不公开交易标的真实的性质和质量，隐瞒与交易相关的重要信息，这影响到交易方对交易价值的评价。由于市场优胜劣汰的机制不能发挥作用，在极端情况下，一个市场可能会因此瘫痪。[③]

为了解决信息不对称的问题，法律规定拥有优势信息的交易

[①] Oliver E. Williamson, *The Economics Institutions of Capitalism. Firms, Markets, relational contracting*. The Free Press 1985, preface, p. 12.

[②] George A. Akerlof, *The Market for 'Lemon': Quality Uncertainty and the Market Mechanism*, *Quarterly Journal of Economics*84（1970），488-500。乔治·阿克尔洛夫与其它两位经济学家在 2001 年获得了诺贝尔经济学奖。阿克尔洛夫的论文论述，在二手汽车交易市场，由于买方不能确定卖方二手汽车的质量而出市场上的平均价格，拥有超过市场价格车的卖方却不会出卖，拥有低于市场平均价格的卖方大量地进入这个市场。买方意识到这些，又会降低而出更低的价格，依次循环，甚至会导致这个市场瘫痪。

[③] 比如，保险人与投保人之间签订保险合同，投保人掌握保险标的的信息比保险人多；公司管理人和股东之间的关于公司管理和发展方面的信息不对称。

方有公开重要信息的义务。根据提供信息的成本大小，信息既可以由公共的信息机构提供，也可以由交易主体提供，[①] 以尽可能实现双方信息对称。法律根据具体情况可以直接或者间接规定交易方有提供相关信息的义务。直接公布信息的法律规范很普遍，如上文提及的产品质量法和证券法中的规范。间接地要求交易方提供信息是"惩罚性任意条款"，根据该条款，当事人在交易时可以选择公开或者不公开信息，但拥有信息优势一方选择不公开相关信息的话，会承担不利的后果。我国《合伙企业法》第33条关于合伙公司利润和亏损分配、分担的规定就是惩罚性任意条款，它能够促进公开信息公开。根据该条规定，只要合伙人不公开出资状况，不约定分配、分担办法，拥有信息优势的合伙人就可能承担不利的后果，即合伙人平均分配利润、分担责任。

3. 行为法律经济学

行为法律经济学假设人的理性是有限的，认为人在未来不确定的环境下加工和处理信息的能力是有限的。行为经济学融合心理学和经济学理论，通过一些实证研究证明，现实中的人是有限理性、有限意志和有限自利的人。[②]

在行为法律经济学的视角下，在现实情况下，人的认知会产

---

① 通过专门的（中介）机构提供信息的方法，比如，产品质量、信用认证机构、学校提供毕业、技能、鉴定证书；私人机制避免信息不对称问题，比如，保险人通过询问投保人关于投保标的情况，筛选出与险种相对应的投保人。

② 参见周林彬、黄健梅：《行为法经济学与法律经济学：聚焦经济理性》，《学术研究》2004年第12期。

生信息超负荷和认知局限性的问题。信息超负荷是指在人有限的时间内接受信息的能力有限。[①] 一个人最多能够同时记住 7 个（上下浮动 2 个）单位有意义的信息。[②] 过量和太详细的信息使人接受和分析信息的成本提高，导致人的决定不能优化，迫使人采取一些策略性的行为，针对性地选择和加工信息，以尽可能减少分析和加工信息的成本。比如，保护消费者的格式合同按照法律规定，需载有大量与交易相关的信息，而理性的消费者往往不阅读，或者根据自己的生活经验判断，选择性地阅读。证券法律要求公布信息量大又复杂，投资者能否加工这些信息，做出更好的决定，也是不确定的。在这些情况下，公布复杂、过量的信息超过了普通消费者和投资者的忍耐、加工和处理信息的能力。

认知局限性是指人加工、处理信息的能力是有限的。处理信息的能力往往取决于信息的组织方式。[③] 如经营者在市场营销、和消费者缔结合同时，如何组织产品的信息，会明显地影响消费者决策的结果。把重要的信息隐藏在不重要的信息中，会影响到

---

① Susan Block-Lieb, Edward J Janger, "The Myth of the Rational Borrower", 84 *Texas Law Review* 1483, 1530（2006）.

② George A. Miller, *The magical number seven, plus or minus two: some limits on our capacity for processing information*, 63 Psychology Review 1956, 81; Lauren E. Willis, *Decision-making and the Limits of Disclosure: The Problem of Predatory Lending: Price*, 65 *Maryland Law Review* 707, 767（2006）.

③ 框架效应是指不同的信息组织方式影响到决策的后果。

处理信息能力；人在决策时会固执己见，坚持已有的看法；[①] 人在决策时也会过于相信自己的能力和运气。如借款人由于过于相信自己的还款能力，低估不能还债的风险，借贷更多的数额，借款人仅仅公布相关的信息并不能减低不能减少还债的风险；[②] 行为经济学中的"时间偏好不一致"理论表明，制定的计划会被轻易地改变，过分强调眼前短期的利益和负担。比如，消费者使用信用卡和申请贷款时，更容易会享受现在的消费，忽视将来不能还款的负担和风险。[③] 人的认知局限性和有限的控制能力直接影响到消费者和投资者加工、处理信息、选择投资、判断风险和评估收益的能力。

二、市场监管的模式

国家针对市场失灵和违法行为，可以采用不同的纠正方法。在不同理念的指导下，市场监管的模式主要包括惩罚型监管、信息型监管、信用型监管和合规型监管。

---

① Susan Block-Lieb, Edward J Janger, "*The Myth of the Rational Borrower*", 84 Texas Law Review 1483, 1533（2006）；这种现象被称为确定偏见。

② Ola Svenson, "*Are We All Less Risky and More Skillful than our Fellow Drivers?*" *Acta Psychologica* 47（1981），143。这种现象被称为过于自信的偏见（Over-Optimism Bias）。在一项美国和瑞典研究人员的合作研究中，被采访的90%的人认为他们驾驶汽车的能力高于所有司机的平均水平，另有调查表明，虽然未婚者在美国都知道美国的离婚率达到50%，但他们都认为自己的离婚的可能性是0%。

③ 比如，制定好戒烟计划的人总是会找借口改变计划去抽烟，满足现在的快乐；制定好健身和锻炼计划的人也会找借口打断计划，寻求眼前的安逸。

（一）惩罚型监管

惩罚性监管是指行政处罚和刑事处罚作为主要手段的监管方式。惩罚性监管又被称为"刚性监管",[1] 主要是以严厉的惩罚来抑制监管对象的违法和违规的意图,属于一种震慑性的监管理念。另外,惩罚性监管侧重于结果主义,关注监管对象的行为及其结果。至于监管对象在前期有什么及在多大程度上做防范和内部调查处理,对监管机关做出的处罚不产生影响。

我国的行政处罚法和刑法自制定以来,在很大程度上属于惩罚性的监管,目的是惩罚和震慑行为人的违法行为和犯罪行为。

（二）信息型监管

1. 信息模式的概念

信息型监管是指法律规定有信息优势的一方有公开相关信息的义务,但对具体的行为内容不做干涉的监管模式。一方面,信息有非竞争和非排他的性质,一旦披露,信息所有人就很难实现它的价值。因此,为了激励行为人发现挖掘更多有价值的信息,法律保护行为人取得或掌握的信息不被公开。最为典型的例子是商业秘密。另一方面,在特定情况下,信息披露可以促进交易、增加社会福利。例如,在旧货市场,卖方掌握旧货的信息远多于

---

[1] 钱弘道、徐博峰:《企业信用监管中行政处罚的法治化指标研究》,《浙江大学学报（人文社会科学版）》2017 年第 4 期。

买方，如果其隐瞒对己不利的交易信息，买方就会买到性价很不成比例的旧货。从根本上来说，这是因为掌握优势信息的行为人滥用这种优势，增加了交易成本，阻碍实现潜在的交易及市场发挥功能。

如果上述第二个方面给当事人甚至是市场带来的负面效果，超过第一个方面信息带来的正面效果，法律规范该如何干预，干预的方式是什么，立法者的社会价值取向及其相应的社会治理模式决定了这些问题的答案。按照监管理论的自由模式，市场有自我纠错能力，因此可以任由市场自由发展，进而克服信息不对称的问题。按照监管理论的社会模式，对于旧货市场的情况，法律应当设置进入旧货市场的门槛，比如采取确定产品质量标准和规定销售者的瑕疵担保责任等。而按照信息型监管，法律只需规定卖方有公开旧货交易相关信息的义务即可，任由当事人决定是否和达成书面什么样的旧货买卖。

自由模式是法律中最基本的立法模式，它最能体现私法的核心原则——私法自治。根据私法自治原则，私法主体可以按照自己的意思，自由进行民事行为。建立在私法自治原则基础上的私法就是私法的自由模式。为了保护第三人、弱势方的利益和经济、社会秩序，民事主体的自治范围和自由权利越来越多地受到法律的限制。法律采用令行禁止的方式，限制民事主体意思自治范围的私法，就是社会模式的私法。私法规范以自由模式和社会模式为标准，可以划分为任意法和强制法规范，这是传统私法规范的分类方法。信息模式的法律规范属于广义强制法规范的范围，但具有任意法规范的效果，可以单独作为一种监管模式。

2. 信息模式的优点

与惩罚型监管模式相比，信息模式具有三个优点。其一，要求具有信息优势的一方披露信息，能使处于信息弱势一方的地位得以增强，实现实质意义上民事主体平等，也是实现民事主体意思自治原则的必要条件。依照民法典第 5 条的规定，民事主体"按照自己的意思设立、变更、终止民事关系"。而设立、变更和终止民事关系的前提是民事主体拥有相关的基本信息，决定达成什么样的民事关系。其二，信息模式给了民事主体更多的选择权。信息模式的私法规范的"柔韧性"处在任意法和强制法之间。因为自由模式下民事主体自由决定民事行为，法律不干预民事行为的形式和内容，所以信息模式的私法规则要比自由模式的"硬"。因为社会模式的私法规范对民事关系的形式和内容有强制性的规定，因此信息模式的又比社会模式的"软"，后者仅规定民事主体披露信息的义务，不涉及法律行为的形式、内容和法律后果。其三，在很多情况下，披露信息是市场发挥功能的前提条件。在证券市场中，如果证券发行这没有制作和发布招股说明书的义务，没有持续披露信息的义务，证券市场就很难存在和运作。

3. 我国法律中的信息型监管模式

我国保护消费者或者投资者的相关民事或者经济方面的法律

也规定了相关民事主体公开信息的义务。《消费者权益保护法》第19条规定，"经营者应当向消费者提供有关商品或者服务的真实信息，不得作引人误解的虚假宣传"，《产品质量法》第27条关于产品或者其包装上的标识的规定，都是信息公开义务的体现。这些规定的目的是以保护消费者自由选择的权利。

我国与证券交易相关的法律法规也体现了信息模式的特点。《证券法》第3章第3节关于"持续信息公开"的规定是典型的私法信息模式，它规定发行人和上市公司通过公开招股说明书、募集说明书、上市公告书、定期报告和临时报告等方式披露信息，以保护投资人的利益和证券市场的运行机制。

4. 信息模式的完善

任何一种法律模式都不是完美无缺，基于信息型监管模式与传统监管模式相比的优点，可以对该模式进行完善。第一，信息提供者应当提供关键和核心的信息，这有利于提高信息接收者接收和加工信息的效率，做出理性的选择。所要提供信息的是优化的，而不是最大化的；第二，规定提示风险的义务，提示交易可能带来的风险，以尽量减少因为认知的局限性产生的不利后果；第三，注重规范信息的组织和表达方式。比如，可以要求信息提供者提供简单、明白和易懂的信息；① 第四，建立专门的信息中

---

① Christine Jolls, Cass R. Sunstein & Richard Thaler, "*Behavioral Responses to Law and Economics*", 50 Stanford Law Review1471, 1435 (1998).

介机构，提供处理相关信息的服务；① 最后，信息模式需要和社会模式结合解决问题，实现立法目的。因为这三种立法模式并不是排他的关系，它们之间的界限也不是在任何情况下都很清楚，可以根据具体情况选择适当的模式。

（三）信用型监管

信用型监管是指国家以信用作为依据所做的市场监管。国家市场监督管理总局对此专门设立信用监督管理司。② 在 2021 年 3 月的《国国民经济和社会发展第十四个五年规划和 2035 年远景目标纲要》第 23 章第 3 节 "推进监管能力现代化" 中，信用监管作为一种监管手段得到肯定，并被认为这是一种新型监管机制。第 12 章 "建设高标准市场体系" 的第 4 节重点强调 "健全社会信用体系" 的工作内容。信用型监管方式包括公共信用信息目录、失信惩戒措施清单、③ 信用修复机制、信用承诺④和信用评级等。

---

① Hanno Merkt, "*European Company Law Reform*: *Struggling for a more Liberal Approach*", *European Company and Financial Law Review*, 1（2004）, p. 3; Horst Eidenmüller, "*Der homo oeconomicus und das Schuldrecht*: *Herausforderungen durch Behavioral Law and Economics*", *JuristenZeitung*2005, 216, 221.

② 对于国家市场监督管理总局信用监督管理司，2021 年 5 月 26 日，见 http：//www. samr. gov. cn/jg/sjzz/201812/t20181218 _ 278208. html 及 http：//www. samr. gov. cn/xyjgs/。

③ 徐嫣、王博：《论失信联合惩戒视野下社会组织信用监管制度的构建》，《法律适用》2017 年第 5 期。

④ 陈兴华：《市场主体信用承诺监管制度及其实施研究》，《中州学刊》2019 年第 5 期。

市场经济不仅是法治经济，也是信用经济。[①] 市场信用出了问题，交易便不再进行。信用本身体现了诚实信用和道德的伦理价值，信用型监管因此对企业的文化和商业道德提出了基本要求。[②] 对于金融机构，在极端情况下，失信甚至会导致"挤兑"。信用监管因此也成为国家监管的一种手段。

信用监管的最终目的是促进交易安全和交易活动。市场主体只有认清交易对象的背景和真实情况，才会进行交易并做出理性的经济决策。

（四）合规型监管

合规型监管是指执法机关以合规作为监管手段对市场和企业实施的监管。合规型监管的理念的是激励、合作和谅解。在这三大理念的指导下，监管机关履行真正的合规型监管。

1. 激励

激励是指监管机关明确有效合规是免除或减轻处罚的条件，从而促使监管对象积极建立合规体系、实施合规措施和处理不合规的行为。合规型监管重点是以有限的处罚手段激励监管对象建立有效合规的经营秩序，从事合规、有道德和负责任

---

① 参见国务院：《关于建立完善守信联合激励和失信联合惩戒制度加快推进社会诚信建设的指导意见》，国发〔2016〕33 号；祝丽丽、周雨、吴瀚然：《强化行业自律、完善市场信用监管》，《宏观经济管理》2019 年第 7 期。

② 参见袁文瀚：《信用监管的行政法解读》，《行政法学研究》2019 年第 1 期。

的经营管理活动。

2. 合作

合作是指监管机关与监管对象就合规管理达成协议，共同解决不合规的问题。这种协议一般是附条件的协议，要求监管对象只有在规定的期限内在合规方面达到监管机关的要求，监管机关才能解除处罚或做出作为相对不起诉的决定。另外，被监管对象因为不合规的行为，改善和"升级"自己的合规体系，填补体系的"漏洞"企业因此能够可持续发展。

3. 谅解

谅解是指监管机关谅解监管对象的不合规行为，给监管对象改进的机会，以合规来改造监管对象。没有哪个企业在其生命期中没有任何的违法违规的行为。尤其是针对大型企业、跨国企业、企业集团在法治不健全的国家，合规经营难度更大。谅解并不是监管机关无动于衷，而是积极地以问题为导向，以合规为"抓手"改善监管对象的合规文化和合规治理水平。

另外，如果积极合规的企业仍然不可避免地违规，更应当得到监管机关的谅解。因为企业前期在合规管理方面的投入和努力，在主观上反映了企业没有违法的故意，所以企业的现有的合规管理应该得到认可。这正是"合规抗辩"的正当性所在。

第四节 问题与全书结构

在我国改善营商环境的大背景之下，本书尝试构建合规型监管的体系，将合规型监管视为市场友好型、企业合作型及政府回应型的市场监管模式。本书的问题是，合规型监管的宏观体系如何构成？合规型监管的微观体系如何运作及相互作用。本书的框架反映出笔者针对这两个问题的探索。

全书共分为三编。首先是第一编"引论和原理"，明确了本书的主旨和合规的原理，为后面两编的研究奠定基础。第三编和第四编的有机组合成为合规型监管的宏观体系。具体而言，第二编阐述合规管理体系的要素和机制，与"合"有紧密的关系，主要是管理学研究的对象。第二编也是第三编关于合规型监管的具体措施的"技术指导"。第三编与"规"有紧密的关系，以合规治理、合规抗辩、反贿赂合规及反垄断为例，展示合规型监管的实践品质。最后一章总结全书的观点和结论。

第二章 合规的基础理论

第一节 概 述

从企业的角度来看,是否以及如何合规,由其自由决定。只有当合规创在价值的时候,给企业带来短期或长期的收益时,企业才有投入合规资源的积极性。

一、合规的由来

合规是指特定的要求得以遵循、遵守或满足。这些要求通常源自法律法规的规定、法院的判决、行政执法机关的决定、私人组织内部的规章制度、行为守则和社会道德。简单地说，合规就是合乎规则。而企业合规是指企业实施的符合法律法规、监管规定、企业内部规章制度及道德规范的管理行为[①]。企业合规关注现行规则对企业经营活动产生的影响，主要的问题包括：如何确保法律法规和企业规章制度在企业内部得以遵守，以及如何识别和减少合规风险。狭义的合规，仅指反腐败合规，包括反贿赂、反舞弊及反勒索。广义的合规，主要是指传统的反腐败合规和反垄断合规，还包括公司治理合规、劳动人事合规、环境保护合规、税法合规和数据保护合规等。

合规不是新事物，有规则的地方，必然有合规与不合规的现象。在法治国家，企业经营行为理所当然要合法。合规成为一个专业话题，主要是随着企业经营的全球化和企业规模扩大，使企业守法更难、成本更高，对守法提出更高的要求，有效率地合规成为企业经营的必然要求。合规行为最早源于医疗领域，是患者按照医嘱和药方的要求治疗疾病。[②] 合规成为企业管理的理念源

---

① 在《合规管理体系要求及使用指出》的"术语与定义"部分，"合规"是指"履行组织所有的合规义务"，该合规义务由"合规要求"和"合规承诺"两部分组成。金融业合规、合规管理和合规风险的概念，参见《保险公司合规管理办法》（2016 年）第 2 条、《证券公司和证券投资基金管理公司合规管理办法》（2017 年）第 2 条。企业遵守的规定主要是法律法规和企业的规章制度，商业道德作为不成文的社会规范，在法律中一般是通过一般条款的通道发挥功能。比如《民法典》第 153 条第 2 款规定"违背公序良俗的民事法律行为无效"，《反不正当竞争法》第 2 条第 1 款规定"经营者在生产经营活动中，应当遵循自愿、平等、公平、诚信的原则，遵守法律和商业道德。"

② Rolf Stober, *Ist der Ehrbare Kaufmann der Schlüssel für Compliance-Anforderungen? Neue Juristische Wochenschrift* 2010, 1573.

于美国，最早是企业为了避免反垄断处罚采取的防范措施，后来在美国金融业全面铺开。现在，合规是世界各国通用的概念被用来描述和研究企业在经营活动中预防和应对不合规行为的方法。企业不合规是由企业管理者或职工的职务行为引起。因此，在企业内部确保企业管理者和企业员工的行为合规是合规管理的关键。

二、公司治理、企业合规和企业社会责任

现代企业法多从公司治理角度分析和理解企业内部的委托代理问题①。公司治理以公司管理者与股东之间的利益冲突为着眼点设计制度，以确保公司管理者以公司和股东的利益为导向管理和监督公司运作。以公司治理为视角，公司法主要是用来监督和控制公司管理者的行为、减少代理成本和提高公司的运行效率。公司治理是以监管者的视角观察公司，企业合规则以被监管者（企业）的视角防范和控制企业员工不合规、避免不合规给企业造成损失。尽管视角不同，企业合规作为企业管理者的任务甚至是义务，一般被认为是公司治理的组成部分。②③

---

① 公司法中的委托代理问题是公司管理者与股东之间因为信息不对称产生的利益冲突的问题。

② 典型的是《德国公司治理守则》（*Der Deutsche Corporate Governance Kodex*）（2017年版）第4.1.3节。

③ 具体而言，公司治理体系包含合规管理、风险管理、内部控制、内部审计的职能。

法律明确要求公司承担社会责任（《公司法》第5条）。公司或企业的社会责任是超出企业承担法定义务部分的责任。例如，保护环境、提高员工福利待遇、从事社会公益活动等方面的道德义务。[①] 即使是这样，也有企业把反贿赂、保护环境等方面的法定义务看成是企业承担的社会责任。

三、不合规的后果

企业合规的目的是有效地预防和处理企业违规行为。合规风险属于企业的运营风险。合规风险发生成为现实时，增加了企业的运营成本，导致企业利润减少。企业采取合规措施能够减少或避免这些运营成本，进而提高企业的利润和运营效率。此外，企业违规对企业管理者和员工也会产生直接的负面影响。

（一）企业

企业违规经营会产生不利的后果，导致企业价值减少、竞争力变弱。在极端情况下，企业违规还会导致企业破产、退出市场。企业违规经营的不利后果，主要体现在企业承担民事责任、行政处罚责任、刑事责任以及遭受商业信誉的损失。

1. 民事责任

企业违规导致的民事责任，主要表现在损害赔偿和合同无效

[①] 《公司法》第5条；《上市公司治理准则》第86条。

两个方面。这两方面与企业的商业利益最为相关。民事赔偿是企业因为违反法定或约定义务给他人造成损失，对受害人承担的赔偿义务。我国《民法典》第176条规定，"民事主体依照法律规定和当事人约定，履行民事义务，承担民事责任"。据此，企业没有履行法定或约定义务，应当承担包括损害赔偿在内的民事责任。违约责任是合同方不履行合同义务或履行合同义务不符合约定而承担的法律责任①。侵犯民事权益者，应当承担侵权责任，包括企业在经营过程中给竞争者②、消费者③、投资者④、劳动者⑤、环境⑥等造成损害而产生的赔偿责任。对于侵权产生的赔偿责任问题，一般由特别侵权法明确指示适用一般侵权法的规定（即《侵权责任法》的规则）。

企业的经营活动违反法律、行政法规的强制性规定的，导致民事法律行为无效，致使企业不能实现商业目的。⑦ 在市场经济中，合同是企业实现商业目的最常用的法律手段，合同一旦无

---

① 合同管理（包括违约管理）是企业内部规章制度的组成部分，属于企业合规的范畴。

② 《反不正当竞争法》第17条；《反垄断法》第50条；《关于审理因垄断行为引发的民事纠纷案件应用法律若干问题的规定》第1条。

③ 《消费者保护法》第48条及以下几条；《产品质量法》第40条及以下几条。

④ 例如《公司法》第207条第3款规定的金融市场中介机构对公司债权人承担的民事赔偿责任；《证券法》第76条第3款规定的内幕交易行为人对投资者承担的民事赔偿责任；《证券法》第77条第2款规定的操作证券市场行为人对投资者承担的民事赔偿责任。

⑤ 例如《劳动法》第91条规定用人单位支付劳动者的工作低于当地最低工资和第97条规定用人单位订立无效合同，对劳动者承担的民事赔偿责任。

⑥ 《环境保护法》第64条；《水污染防治法》第85条。

⑦ 《民法典》第143条第3款。

效，合同方就没有履行合同的义务，就不能产生期望的法律约束力。正是因为这一点，企业会把"确认合同无效"作为一种商业策略，达到不（继续）履行合同或其他的商业目的。[①]

2. 行政处罚责任

违反市场监管法律法规的企业需要承担行政处罚责任。对企业来说，最常见的行政处罚是行政罚款，其他的处罚有没收违法所得、责令停产停业，在极端情况下，企业还会面临被吊销营业执照。在部门法中，反垄断罚款偏高。例如，国家发改委在2015 年 2 月因高通公司滥用市场支配地位的行为，处以其 60.88 亿元的罚款[②]；2016 年上海市物价局因上汽通用公司达成并实施限定转售价格的垄断协议，处以其 2.01 亿元的罚款[③]。违反《反不正当竞争法》的罚款最高达到 300 万元[④]。证监会依据《证券法》处罚内幕交易行为和操纵市场市场的行为，一般以违法所得作为基数，最高罚款不超过违法所得的 5 倍。[⑤]

3. 刑事责任

企业可以成为犯罪主体。公司和企业实施危害社会行为，法

---

① 参见强生公司纵向垄断协议纠纷案，上海市高级人民法院（2012）沪高民三（知）终字第 63 号民事判决书。

② 参见新华社：《国家发展改革委对高通公司垄断行为责令整改并罚款 60 亿元》，2021 年 5 月 26 日，见 http://www.gov.cn/xinwen/2015-02/10/content_ 2817230.htm。

③ 上海市物价局：《行政处罚决定书（上汽通用汽车销售有限公司）》，第2520160027 号，2016 年 12 月 19 日。

④ 比如《反不正当竞争法》第 19 条规定，经营者贿赂他人的，由监督检查部门没收违法所得，处 10 万元以上 300 万元以下的罚款。

⑤ 参见《证券法》第 202 条和 203 条。

律规定为单位犯罪的，应当负刑事责任（《刑法》第 30 条）。《刑法》中有涉及公司和企业的犯罪，包括行贿罪、违法经营相关罪、虚报注册资本罪、生产销售伪劣产品罪。经典的案件是葛兰素史克贿赂案。2013 年 7 月葛兰素史克（中国）投资有限公司部分高管因涉及商业贿赂被立案侦查，2014 年 9 月长沙市中级人民法院认定该公司行为构成向非国家工作人员行贿罪，依法判处葛兰素史克公司罚金 30 亿元人民币。[①] 在一些法律的"法律责任"部分，经常会明确规定特定的违法行为适用《刑法》的规定，其中也包括了企业或主要负责人承担刑事责任。

4. 声誉风险

企业违规直接损害了企业的声誉，企业的诚信、守法文化和价值因此受到质疑，不利于企业长期可持续的发展。合法经营是企业行稳致远的最低要求，诚实信用是基本的法律价值和商业道德，违规经营就是否定诚实信用的社会价值。

5. 企业价值

企业合规不会直接创造利润，而是通过减少企业运营风险避免利润减少。只要有违法违规的行为，就有可能被调查和惩罚，导致企业利润和价值减少。2013 年葛兰素史克商业贿赂丑闻曝光之后，据报道该公司的净利润同比下降 12%，其主营的处方

---

① 李建华等：《在华跨国商业贿赂的根源与治理对策研究——葛兰素史克案反思》，《东南学术》2014 年第 2 期。

药和疫苗两部分核心业务销售量在中国地区减少了 61%。①

公司在收购过程中，如果通过尽职调查发现目标公司有不合规行为，公司会减少对目标公司评估的价值，直接影响公司收购的交易额大小。上市公司的股价对违规信息更加敏感，上市公司的违规信息一旦被公开，股票价格一般都会下跌，迅速地反映企业的现值②。

（二）管理者

企业违规给管理者造成诸多不利后果，包括民事赔偿、解除职务和刑事责任。首先，公司高级职员执行公司职务时违规，由公司承担违规的后果，公司可以要求他们承担赔偿责任（《公司法》第 149 条）。其次，公司高级职员对公司负有勤勉义务（《公司法》第 147 条第 1 款）。③ 公司董事失职没有建立有效的合规管理体系或采取有效的合规措施去预防和制止公司员工违规，导致公司损失的，可能会违反勤勉义务，因此承担赔偿责任。另外，企业管理者违规经营导致企业破产的，也会影响到自己的职业生涯。比如公司违法经营被吊销营业执照或关闭，公司

---

① 新华网：《行贿案后 GSK 在华业务跌 6 成 很多医生不敢开药》，2021 年 5 月 26 日，见 http://finance. sina. com. cn/chanjing/gsnews/20131025/015917105955. shtml。

② 《上市公司信息披露管理办法》第 30 条第 2 款第 11 项规定，披露的"重大事件"包括"公司涉嫌违法违规被有权机关调查，或者受到刑事处罚、重大行政处罚；公司董事、监事、高级管理人员涉嫌违法违纪被有权机关调查或者采取强制措施"。

③ 参见《公司法》第 147 条第 1 款。

法定代表人负有个人责任的，自企业被吊销营业执照之日起三年内不得担任公司高级职员（《公司法》第 146 条第 1 款第 4 项）。最后，企业违规承担刑事责任时，刑法常常规定对直接负责的主管人员和其他直接责任人员处 3 年到 5 年以下的有期徒刑或拘役。在有些情况下，这类企业管理人员还要缴纳罚金。①

（三）员工

企业不合规对员工产生的负面影响，主要体现在劳动法规则中。以企业员工违规作为解除劳动合同条件的，不仅有劳动法依据，而且企业和员工还可以通过合同约定扩大员工违规的不利后果的范围。企业可以与员工约定后者在执行企业职务时如果不合规，企业可以终止劳动合同。② 劳动法也有明确规定企业员工严重违反劳动纪律或企业规章制度的，企业可以单方面解除劳动合同。③

四、合规管理义务

在企业法的语境下，合规管理义务是指企业管理者有采取措施预防和制止企业员工不合规的法律义务。这里的合规管理义务

---

① 例如《刑法》第 159 条第 2 款和第 161 条。
② 参见《劳动法》第 23 条。
③ 参见《劳动法》第 25 条第 2 项和《劳动合同法》第 39 条第 2 项。

主体是企业管理者，合规管理义务的内容的是采取合规措施预防和制止企业员工实施不合规行为。企业是市场经济活动的主体，实施不合规行为时，需要对外（即对第三方）承担法律责任。在该意义上，国家标准化管理委员会 2017 年公布的《合规管理体系指南》对合规义务进行了界定，该义务不仅包括强制性的要求（合规要求）——比如法律规定和合同约定的义务，还包括了企业自愿承担的合规义务（合规承诺）①。当然，这是合规管理语境下合规义务的内涵，与法律语境下的合规管理义务不同。

在法律上，公司管理者承担勤勉义务，合规管理义务属于勤勉义务的一部分，公司管理者没有履行合规义务而给公司造成损失的，需要对内（即对公司或股东）承担赔偿责任。企业管理者的合规义务针对的组织类型是公司和金融机构——尤其是上市公司。对于公司以外的企业类型和中小企业，企业管理者是否有合规管理义务，还没有定论②。

---

① 参见胡国辉：《企业合规概论》，电子工业出版社 2017 年版，第 33—34 页。
② 国家标准化管理委员会：《合规管理体系指南》，2.16。我国《公司法》调整的对象是有限责任公司和股份公司，这两种组织类型在大陆法系中被称为"资合组织"，在英美法系中被称为"有限责任公司"。这些类型的公司的主要特征是公司所有权（股东）和经营权（公司管理者）分离，导致公司管理者可能实施有利于自己却有损公司利益的行为。法律规定公司管理者的勤勉义务，就是为了激励其实施符合公司利益的行为。在合伙企业、个人独资企业等"人合组织"，企业所有者和管理者往往是同一人，企业和管理者的利益因此融为一体。

（一）企业的守法义务

企业有守法义务。公司从事经营活动，必须遵守法律、行政法规，遵守社会公德、商业道德，诚实守信，接受政府和社会公众的监督，承担社会责任（《公司法》第5条）。这是法律对公司从事经营活动的基本要求。在法治国家，企业守法就如同公民守法一样，是理所当然的事情。公司依法享有财产权、缔约自由权和经营自主权，应当在法律框架内从事经营活动。企业如果违反法律法规、违背社会公德和商业道德，法律规定企业承担相应的法律责任。

（二）企业管理者的合规管理义务

企业的守法义务需要企业管理者落实。对于公司，公司法定代表人依照公司章程的规定，可以是董事长、执行董事或经理。[①] 他们应当遵守法律、行政法规和公司章程，履行勤勉义务[②]。按照勤勉义务，公司管理者应当采取措施预防、制止和处理公司员工的不合规行为，确保公司合规经营。

企业管理者不仅要确保本人的行为合规，还要确保公司员工的行为合规。公司管理者实施违规行为，当然是公司的违规行为。由此给公司造成损失的，公司管理者对公司或公司股东承担

---

① 《公司法》第13条。
② 《公司法》第147条。

赔偿责任。[①] 除此之外，公司管理者有义务确保公司员工的行为合规。公司员工从事公司业务时的违规后果由公司承担，如果是因为公司管理者没有采取（有效）合规措施导致产生违规行为的，公司管理者应当对此承担赔偿责任（《公司法》第 149 条和第 152 条）。即使企业管理者按照成本收益分析得出违规对企业有利（即有效率的违法或违约），这也不是免除其责任的法定理由。

合规管理义务的范围有多大，没有标准的答案。商业判断规则是确定企业管理者是否履行合规义务的基本规则。按照该规则，合规风险应当与合规措施成比例。企业在分析合规风险时，考虑的因素包括企业的经营业务、所在行业、规模大小、员工人数、内部组织、监督的可能性、以往的违规行为、适用的法律。在具体案件中，为各个因素设定权重，综合考虑这些因素，得出合规风险大小，然后比较合规措施与该合规风险是否匹配（即比例原则）。

第二节　合规的核心因素

如何构建有效的企业合规管理体系，没有唯一的标准模型和

---

① 《公司法》第 149 条。

统一的答案。企业规模大小、所处行业、经营范围、国际化程度等方面的不同，决定了企业面临的合规风险也不同。企业应当按照自己的情况和需求构建合规体系、采取合规措施。尽管如此，有效的合规管理体系有一些共同的规律，具备相同的核心因素——合规承诺、风险分析、合规沟通、合规组织和合规记录。任何有效的合规管理体系都包含这五个因素。

一、合规承诺

企业管理者支持合规建设、做合规榜样，是合规成功的必要条件。合规成功与否，直接取决于企业管理者是否认同、重视合规的价值，不断地将合规建设成为企业的文化[①]。在该意义上，有"高层的声音"的说法。第一，企业管理者需要认同合规的价值，投入与企业规模相称的资源，切实制定和执行合规措施，合规地管理和经营企业。企业管理者应当直接负责合规事务，在有董事会的情况下，应当有负责合规事务的董事。企业设立专业部门或配备企业合规师负责具体执行合规事务。合规主管或首席合规官能够直接向企业管理者或公司董事汇报合规的情况。

第二，合规承诺还需要确实履行，即切实落实合规措施、按章处理不合规的企业员工、将合规成为员工考核和晋升的一项指

---

① 参见《保险公司合规管理办法》第 4 条，该条规定合规文化和保险公司管理者对此的推动义务。

标。如果不按章处理不合规的员工，企业的合规制度就形同虚设，员工自始就不会遵守合规的要求，从而产生系统性的合规风险。将合规变成员工录用考核和晋升的一项指标能够激励员工从事合规行为。

第三，合规不仅是企业管理者的义务，也是企业文化的组成部分和企业竞争力的体现。企业坚守合规信念和传播合规文化，给政府监管部门、商业伙伴（供应商和经销商）、消费者释放出积极的信号，这可以提升企业的形象、促进企业健康和可持续地发展。相反，贿赂、垄断行为、偷漏税、洗钱、污染环境及虚开发票方面的报道，会严重损害了企业的形象，企业文化和价值因此会受到企业员工、商业伙伴的质疑，无助于企业可持续发展。

二、风险分析

合规风险是企业违反法律法规、内部规章制度和商业道德等引发法律责任、财产损失或商业信誉损失的风险①。企业经营风险和收益是正比关系，有效地管理和分散风险，能够提高企业的

---

① 在《合规管理体系要求及使用指南》的"术语与定义"部分，"合规风险"（compliance risk）是指"不确定性对实现合规目的的影响"，"其可以体现在违规发生和承担后果的可能性"。参见《保险公司合规管理办法》（2016 年）第 2 条第 2 款和《证券公司和证券投资基金管理公司合规管理办法》（2017 年）第 2 条第 4 款。

总收益。① 识别、分析和控制企业内部风险，确保风险管理的有效性，是风险管理的任务。企业员工违法不是市场风险，而是一种企业运营风险，可以在企业内部建立组织和采取措施管控合规风险。

合规风险分析是个性化的。企业经营业务、规模大小、员工人数、所在行业不同，面临的合规风险也不同。企业不可能，也没有必要分析和控制所有的合规风险，而是应当集中在"重大"风险，有的放矢。风险级别的高低应当与为控制风险投入的资源相对应，所谓的"风险适当原则"。具体哪些风险高，哪些风险低，是一个实证问题。一般来说，如果风险实现时，会对人的生命健康产生很大的威胁，给企业造成重大经济损失、危及企业生存或导致企业管理者或员工承担刑事责任时，这类风险属于重大的合规风险。

三、合规沟通

合规沟通包括企业与员工的合规沟通和企业与第三方的合规沟通。从员工入职到离职的整个阶段，企业应当通过各种方式让企业员工清楚明白地理解和遵守合规的要求。合规沟通首先以一

---

① 收益与风险之间的关系以及减少风险的投资组合理论和资本资产定价模型（CAPM），详见 Brealey、Myers 和 Allen 合著的《公司金融原理》（英文版第 10 版）第 156 页和第 185 页及以下几页。

些规章制度的形式体现出来。企业管理者以"使命书"的形式，明确其努力致力于合规工作；《行为准则》规定了合规的基本原则和基本框架。《员工手册》《礼品及邀请政策》《反垄断合规手册》等，则是对合规要求的细化和具体规定，比如邀请商业伙伴或接受商业伙伴邀请的程序、接受或赠与礼品的批准程序。通过企业主页和内网的合规宣传、线上和线下合规培训、案例展示等不同的方式，使企业员工知悉所在企业的合规文化、制度和违规后果等。

企业与第三方的合规沟通，是企业与供应商、经销商和公众人等就合规进行的交流和达成共识和协议。典型的员工违规是双方或多方的行为，比如商业贿赂或垄断协议，至少有两个经营者参与才能构成违法行为。因此，要求供应商或经销商的员工合规也是合规沟通的一个部分。对供应商和经销商进行反贿赂和反垄断法方面的培训和交流是典型的第三方沟通形式。另外，企业在采购和销售过程中，在供货合同或分销合同中可以增加"合规条款"要求对方采取合规措施，在交易时有披露或避免利益冲突的义务，杜绝对方员工以贿赂方式从事交易。

四、合规组织

为了实现合规沟通的功能，需要在具体承担合规职能的组织或机关。企业设置合规部门或配备专门的合规工作人员是企业展开合规工作的必要条件。实践中，多数由合规部、法务部、风控部内控部承担合规职能。具体由哪个部门承担合规职能、如何划分这些部门之间的权限范围、哪种职权配置更有效率，没有标准的答案。最终的解决方案多数由企业规模、全球化程度以及企业所在的行业决定。无论如何，明确合规组织中的人事安排、职权和运作程序等，有利于最有效地发挥合规组织的功能。

常见的是企业管理者直接负责合规事务，企业管理者一般委托合规官负责建设和落实合规管理体系。企业规章明确合规组织的具体运作程序，比如谁是最终负责人，遇到具体的合规事务，向谁报告、由谁来决定等。

企业合规师的任务和职权，也应当由企业规章明确规定。合规培训、内部调查、举报线索处理、合规考核等，都是企业合规师所要从事的工作。明确这些工作的内容和程序，不仅让企业合规师有了工作指引，而且企业员工对处理企业合规师行为更会有预见性，以实现程序公正的原则。

五、合规记录

企业合规的各项工作以书面记录为原则。以书面形式确定合规制度、记录合规工作流程和处理不合规事件，主要是为了调查违规事件、完善企业的合规制度，以及在监管机关和诉讼程序中提出合规抗辩用来免责和减轻企业的责任。为此，合规准则、手册、政策、规范、指引等合规规范文件，应当以书面形式展示——不仅是以电子版的形式展示。分析和识别合规风险时，应当记录具体的分析过程，为企业作出商业决策提供事实依据。以书面形式记录预防不合规的措施或处理不合规的行为，能够证明企业确实建立了有效的合规体系，这有助于企业在不合规事件发生之后，将不合规行为其归责为员工个人的行为，或向监管机关和司法机关证明企业按照规章制度公正地处理了不合规行为。

第三节　境外发展情况

一、美国

美国是企业合规的发源国。美国的合规管理最早可以追溯到20世纪60年代企业为避免反垄断处罚而实施的合规措施，后来合规理念传播到金融业，银行采取合规措施预防员工违法给银行带来损失——金融业合规后来成为成熟的合规领域。20世纪90年代，美国颁布适用所有行业的《量刑量刑指南》，规定企业在设立有效的合规体系的情况下可以被减轻处罚，这激励了企业积极采取合规措施以满足指南的要求。目前，对美国的企业合规的关注，集中在《反海外腐败法》《萨班斯—奥克斯利法案》和

《联邦量刑指南手册》。

（一）反海外腐败法

1977 年美国的《反海外腐败法》具有域外适用的效力（"长臂管辖原则"），禁止美国境内外的美国企业对外国公职人员行贿。美国司法部和证券交易委员会负责执行这部法律。由于美国企业违反该法将会受到严厉的处罚，行为人可能面临刑事追究，极大地促使了海外美资企业或在美国上市的企业设立合规管理体系和采取合规措施，避免企业在海外实施贿赂和腐败行为而受罚。2016 年共有 27 家企业共支付 24.8 亿美元了结《反海外腐败法》执法程序，2017 年共有 17 家企业共支付 11.3 亿美元和解结案。

美国司法部和证券交易委员会在《〈反海外腐败法〉官方指南》中高度评价了企业合规管理体系的价值，认为在国际竞争的大环境下，有效的企业合规管理体系是企业内部调查的关键组成部分，是发现和制止违反《反海外腐败法》的必要条件。在具体的案件中，执法部门除了考虑企业是否自首、配合程度以及事后采取的补救措施，认为合规管理体系的完整性决定了结案的方式（包括和解、不起诉、公司缓刑及其期限）、处罚数额和其他附加的行为义务。在《企业合规计划评估》中，司法部并没有对合规计划提出公式一样的要求，而是提出三个基本问题："企业合规体系是否设计得很好？其是否被诚实地执行了？它有用吗?"此外,两个执法部门详细列举了有效的合规体系需要具备的核心要素。

(二)萨班斯—奥克斯利法案

针对上市公司,美国的《萨班斯—奥克斯利法案》规定了企业合规义务。美国在 2002 年颁布《萨班斯—奥克斯利法案》用来保护投资者的利益增强投资者对资本市场的信心,提高和改善公司财务报告的可信性和正确性。该法规定了公司治理、内部控制和风险管理方面的措施,比如《萨班斯—奥克斯利法案》第 404 条规定上市公司年度财务报告中应当包括内部控制体系的报告,并且指出公司管理者在出具财务报告时设立了有效的内部控制体系和遵守相关的要求。在公司财务报告中,财务报告审计师还应当对该评审做证实和报告。另外,《萨班斯—奥克斯利法案》第 301 条还规定了独立审计师的任职要求和公司职工匿名举报的制度。

(三)联邦量刑指南

《联邦量刑指南》描述了有效的合规与道德体系应当具备的关键因素,为企业建立有效的合规体系提供了指引。该指南由美国量刑委员会制定,自 1991 年起生效以来,为评估企业合规体系提供了标准。指南虽没有法律约束力,但企业违法被发现时,调查机关一般会参照指南中的标准去评价违法企业的合规体系,决定加重或减轻处罚企业。

《联邦量刑指南手册》是对《联邦量刑指南》做的评注，它把合规与道德体系解释为"预防和制止犯罪行为的体系"。按照指南的规定，调查机关在考虑企业合规管理体系决定加重或减轻处罚企业时，首先赋予每一个违法行为一个基本犯罪级别，以该基数作为起点根据案件的具体情况，上调或者下调该基数。如果企业能够证明其设立了有效预防和制止违法行为的合规体系，调查机关将会下调惩罚基数，即减轻处罚企业。《联邦量刑指南手册》明确有效的合规体系应当具备两个条件①：第一，为了预防和制止违法行为，企业合理地设计合规体系，并且落实和执行合规体系；第二，企业应当尽到必要的注意义务制止企业违法，并且促进企业合规文化的发展。为了满足这两个条件，《联邦量刑指南手册》又具体列举了七个最低要求②：

1. 企业应当设定标准和程序，用来预防和制止犯罪行为；

2. 企业管理者（董事会或最高管理者）应当知道合规与道德体系的内容和运作，合理地监督该体系的执行及其有效性。企业高级职员应当确保企业有合规与道德体系，并且有人具体负责企业合规的日常事务；

3. 企业应当合理努力避免让实施违法行为或违反合规与道

---

① The U. S. Sentencing Commission, Guidelines Manual (November 1, 2016), p. 533.

② The U. S. Sentencing Commission, Guidelines Manual (November 1, 2016), p. 534-535.

德体系的人拥有较大的自由裁量权；

4. 所有企业员工和企业代表人应当知悉合规与道德体系标准、程序及其他方面以及参加培训等；

5. 企业应当通过监督和审计等方式确保执行了合规与道德体系，定期评估体系的有效性，设立举报制度；

6. 企业采取激励或惩罚措施推进和持续执行合规与道德管理体系；

7. 企业发现犯罪行为后，应当采取合理的步骤适当地应对犯罪行为，并且采取措施对合规与道德体系进行必要修改等，预防未来类似犯罪行为的发生。

二、英国

在国际层面能够与美国的《反海外腐败法》相媲美，代表现代反腐败制度的是英国的《反贿赂法》①。执行《反贿赂法》的机关是严重欺诈局。该法由六部分组成共 20 条，分别是（1）贿赂犯罪的一般性规定（第 1—5 条）；（2）贿赂外国公职人员（第 6 条）；（3）商业组织预防贿赂职罪（第 7—9 条）；（4）起诉和惩罚（第 10—11 条）；（5）其他犯罪的规定（第 12—15 条）；（6）补充和最后的条款（第 16 条）。

---

① 该法于 2010 年 4 月通过，2011 年 7 月生效。

《反贿赂法》在英国境外具有适用的效力，即它不仅适用于在英国有住所的企业，也适用于在英国境内有经营活动的自然人和法人，包括对英国出口的企业。[①] 另外，《英国反贿赂法》惩罚的腐败行为的范围比较广，涵盖了贿赂国家机关工作人员和私人企业工作人员。该法规定企业没有采取措施预防其员工实施贿赂行为的，也要承担刑事责任。[②] 对企业的罚金没有上限，企业可能被剥夺参加政府采购活动的资格，自然人承担 10 年以下的有期徒刑。

在合规方面，《反贿赂法》明确规定企业在没有采取合规措施时，企业应当对其员工实施贿赂行为承担刑事责任。另外，《反贿赂法》规定如果企业建立适当（即有效）的合规体系，那么即使企业员工实施贿赂行为，也可以减轻或者免除企业的责任，所谓的"合规抗辩"制度。对此，英国司法部在《反贿赂法》生效后，明确规定有效的合规体系应当符合以下六个基本原则：[③]

（1）清楚、可操作、可获得和有效执行的程序，其应当与企业面临风险、经营活动的性质、规模和复杂程度成比例（适当的程序）；

（2）企业管理层承诺制止贿赂行为，在企业内部传播反腐

---

① 英国《反贿赂法》第 12 条。
② 英国《反贿赂法》第 7 条。
③ 英国司法部，《2010 年反贿赂法指南》。

败文化（企业高层承诺）；

（3）企业评估其面临的外部和内部的潜在贿赂风险的性质和范围（风险评估）；

（4）企业为了减少识别到的贿赂风险，采取适当的以风险为基础的方法，适用尽职调查程序（尽职调查）；

（5）企业确保反腐败政策和程序嵌入到企业对内对外的沟通中，并且被理解（沟通）；

（6）企业监督和评价反腐败程序，必要时改善之（监督和评估）。

三、德国

德国在 2008 年的西门子腐败案中对企业合规管理义务做出了明确的裁判，并在德国《公司治理》守则中明确了合规的概念，并在近几年推动单位犯罪的立法。

（一）法定的合规义务

按照现行的德国法，股份公司的董事会有义务采取合规措施以预防危及公司存续的不合规事件发生，建议上市公司设立合规管理体系。德国《股份法》第 91 条第 2 款规定："为了在早期识别对公司存续产生威胁的发展情况，董事会应当采取适当的措施，尤其是要设立监督体系。"

对于上市公司而言，企业合规是公司治理的组成部分。德国《公司治理守则》明确规定，合规是指"董事会应当负责遵守法律规定和公司内部的行为守则，并且促使企业集团遵守之"。[①]上市公司的董事会"负责采取适当的以企业风险情况为导向的措施（合规管理体系），并且公布其基本架构"。[②] 德国《公司治理守则》虽仅具有建议的性质，但是依据《股份法》第161条，上市公司董事会和监事会应当每年作出报告，对是否遵守该守则进行说明。在没有遵守守则建议的情况下，要对此进行解释（所谓的"遵守或解释"制度）。这对于合规，也同样如此。

在司法实践中，有三个与企业合规相关的判决具有里程碑意义，它们分别是"柏林清洁公司案""西门子—鲁伯格案"和"军工企业逃税案"。

（二）柏林清洁公司案

在2009年的柏林清洁公司案中[③]，德国联邦最高法院认为企业的合规官一类工作人员的任务是制止违法行为发生，尤其是在企业经营活动中会给企业造成巨大损失的犯罪行为。这类人员承担《刑法》第13条第1款中"保障人义务"，即在企业经营

---

① 《德国公司治理守则》(Der Deutsche Corporate Governance Kodex)（2020年版原则5）。
② 《德国公司治理守则》（2020年版建议和提议 A. 2）。第4.1.3节第2句。
③ BGH, Urteil vom 17. 7. 2009–5 StR 394/08.

活动中制止犯罪行为的义务①。没有履行保障人义务的行为，可以构成不作为犯罪。

（三）西门子—鲁伯格案

在 2013 年的"西门子—鲁伯格案"中，西门子公司起诉其首席财务官鲁伯格，请求其承担赔偿责任。慕尼黑第一地方法院在该案中详细阐述了股份公司董事的合规义务，对企业合规体系提出很多的要求。② 德国法中的股份公司采取董事会集体领导原则，依据该判决，董事应当依法管理和监督公司的经营活动，制止对外国官员或私人行贿的行为。在产生损害的情况下，董事只有在构建了预防损害和控制风险的合规组织的情况下，才算履行了管理公司的义务。这种合规管理义务的范围大小由公司经营活动种类、规模和组织、涉及的法律法规、经营区域范围以及以往的嫌疑案件决定。该判决明确：公司守法和构建有效的合规管理体系是董事的共同责任。

（四）军工企业逃税案

在 2017 年的军工企业逃税案中，联邦最高法院在判决的

---

① 德国《刑法典》第 13 条第 1 款："依法有义务防止犯罪结果发生而不防止其发生，其其不作为与因作为而实现犯罪构成要件相当的，依本法处罚。"

② 参见慕尼黑第一地方法院西门子案判决（LG München I, Urteil v. 10. 12. 2013, Az: 5 HKO 1387/10），2013 年 12 月 10 日。该案最终由西门子公司与其当时的首席财务官鲁伯格（Neubürger）和解结案，德国联邦最高法院因此没有做出判决。

"附带意见"部分①明确：设立合规管理体系有助于减轻处罚。联邦最高法院要求地方法院重新计算罚金数额，对此需要考虑"从犯（一家德国军工企业）在多大程度上制止了企业经营活动中的违法行为，以及设立有效预防违法行为的合规管理体系。另外，需要考虑企业在结案之后是否完善了规则，构建的企业内部程序能够更好地制止未来类似的违法行为"。

四、国际规则

（一）联合国反腐败公约

在国际层面推动企业合规建设的多数与反腐败联系在一起，其次是反垄断合规。首先是 2006 年 2 月 12 日对我国生效的《联合国反腐败公约》。该公约是联合国唯一一份具有法律约束力的国际性反腐败的规范性文件，目前有 172 个缔约国。公约规定"各缔约国均应当努力制订和促进各种预防腐败的有效做法"，"定期评估有关法律文书和行政措施，以确定其能否有效预防和打击腐败。"② 对于企业，公约要求成员国"确保私营企业根据其结构和规模实行有助于预防和发现腐败的充分内部审计控制"③ 制度，这包括企业合规制度。

---

① BGH, Urteil vom 9.5.2017, 1 StR 265/16.
② 《联合国反腐败公约》第 5 条第 2 款和第 3 款。
③ 《联合国反腐败公约》第 12 条第 2 款和第 6 款。

（二）经济合作与发展组织

经济合作与发展组织（简称"经合组织"）在反腐败方面也做出了很大的努力。经合组织早在 1997 年 11 月 21 日就通过了《禁止在国际商业交易中贿赂外国公职人员公约》，该公约目前有 43 个缔约国。公约对缔约国具有法律约束力，并且定期通过同行评审监督机制监督各个成员国落实和执行该公约的情况。经合组织在 2009 年颁布《继续与国际商业交易中贿赂外国公职人员行为进行斗争的建议》，在刑事惩罚、税收、举报、会计和内控方面提出预防和发现贿赂行为的建议，尤其是附件二《内控、道德与合规最佳行为指南》对反贿赂合规体系构建提出了一些建议。[①]

（三）国际商会

国际商会提出了一些反腐败和反垄断方面的合规管理体系建议。例如，2013 年国际商会出版的《国际商会道德与合规培训手册》是一本实践者写给实践者的手册，全方位地展现了企业合规实践，为合规从业人员提供了指导。国际商会在 2013 年颁布的《国际商会反垄断合规工具包》则是指导企业完善反垄断

[①]　OECD, Annex Ⅱ: Good Practice Guidance on Internal Controls, Ethics and Compliance, in Recommendation for Further Combating Bribery of Foreign Public Officials in International Business Transactions, 18. 02. 2010.

合规管理体系的手册。

（四）国际标准化组织

国际标准化组织在合规领域也在努力实现标准化，做出很大的贡献。目前该组织已颁布的合规标准是《合规管理体系指南》《反贿赂管理体系要求及使用指南》及《合规管理体系要求及使用指南》。国际标准化组织在 2021 年 4 月公布的《合规管理体系要求及使用指南》为企业建立、实施、监督和改善有效的合规管理体系提供认证依据，适用于所有规模、类型及行业的企业。该标准可作为合规体系认证的具有约束力的标准。《反贿赂管理体系要求和使用指南》是国际标准化组织在 2016 年 10 月颁布的反贿赂国际标准，涵盖反贿赂、反腐败、反贪污和其他的组织内外不正当的利益往来行为，涉及企业供应链管理、礼品和招待监控、员工利益冲突、绩效考核等方面的内容，阐述了一系列预防、发现和应对贿赂行为的措施。在 2021 年 7 月发布的《举报管理体系指南》（ISO 37001）为建立、实施和维护有效的举报管理程序提供了指引。

第二编　合规型监管的技术

第三章 合规管理体系

第一节 概 述

一、合规管理体系的概念

合规管理体系是管理体系的一个方面。[①] 管理体系是指"组织建立方针和目标以确保实现这些目标的过程的相互关联或相互作用的一组要素"。而合规是指"履行组织的全部合规义务"。[②]

[①] 参见国家质量监督检疫总局、国家标准化管理委员会:《合规管理体系指南》,2.7 注1。

[②] 国家质量监督检疫总局、国家标准化管理委员会:《合规管理体系指南》,2.7 及 1.17。

从体系解释的角度来看，两个定义结合在一起，形成合规管理体系的概念。就企业而言，合规管理体系是指企业建立合规方针和合规目标，以确保这些合规目标的过程的相互关联或相互作用的一组要素。

二、合规管理体系的模型

（一）PDCA 循环

管理体系的基本原理是"PDCA 循环"。P 代表"Plan"，是指"计划"。D 代表"Do"，是指"执行"。"C"代表"Check"，是指"检查"。"A"代表"改进"，是指"行动"。管理体系的"PDCA 循环"图如下。管理体系的外部，有利益相关者的要求和需要。管理者在"计划"环节，将它们"投入"管理体系，成为管理体系的"方针"和"目标"，然后"执行"和"检查"绩效。管理体系以"产出"的形式，将执行情况反馈给利益相关方。在此基础上，管理体系继续"改进"，优化管理体系的产出。

PDCA 循环是封闭的循环，但可以根据环境的变化，得到持续的改进和优化。因此，PDCA 循环是螺旋式的循环，而不是静止不动的封闭式循环。

按照国际标准化组织 2021 年发布的《合规管理体系要求及使用指南》，合规管理体系的主要目标是诚信、文化、符合、声

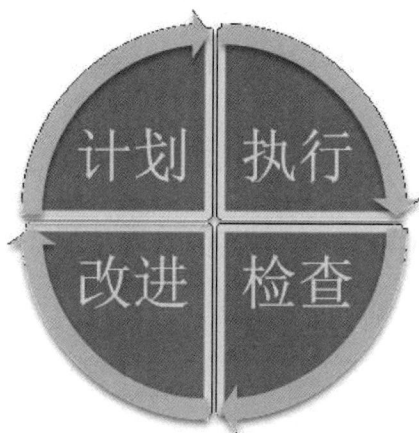

誉、价值及道德，并遵循良好治理、平衡、透明、责任及可持续发展的基本原则。在计划阶段，具体的合规措施包括公开承诺、确定合规目标、明确职责及识别风险。执行阶段的合规措施包括合规体系的运行、控制、书面化、支持、能力与意识及沟通和培训。在检查阶段，合规措施包括内部审核、管理评审、监视与测量、合规疑虑及内部调查。在改进阶段，合规措施包括管理不合规行为及持续改进合规体系。

（二）一体化模型

管理体系可以涉及一个方面或多个方面。这可以是针对行业的管理体系，也可以是专项的管理体系。例如，在国际标准化组织的体系中，针对行业的合规标准有《食品安全管理体系》（ISO 22000）和《石油和天然气管理体系》（ISO 29001）。中国化学制药工业协会 2021 年公布的《医药行业合规管理规范》也是此类的管理体系标准。专项管理体系有《风险管理指南》（ISO 31000）、《合规管理体系指南》（ISO 19600）、《质量管理体系》（ISO 9001）、《环境管理体系》（ISO 14001）及《职业健康安全管理体系》（ISO 45001）等。

这些管理体系中具有一般性的要素，适用于所有类型和规模的组织。这些要素相互关联或相互作用，形成有效的管理体系。国际标准化组织的"高层结构"（"High Level Structure"）和"通用管理过程"分别列举了这些要素。

（三）"防范——监查——应对"模型

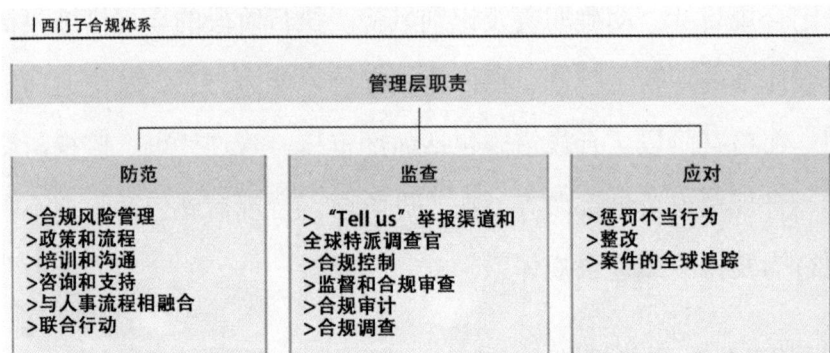

西门子合规体系
管理层职责

防范	监查	应对
>合规风险管理 >政策和流程 >培训和沟通 >咨询和支持 >与人事流程相融合 >联合行动	>"Tell us"举报渠道和全球特派调查官 >合规控制 >监督和合规审查 >合规审计 >合规调查	>惩罚不当行为 >整改 >案件的全球追踪

与 PDCA 循环的原理一致，"防范——监查——应对"模型也是一个封闭的循环，将合规管理的程序分为三个阶段，即防范、监查和应对。采用该模型的典型代表是西门子的合规体系。西门子在 2008 年的腐败案中，与美国调查机关达成结案协议，发展出风靡全球的"防范——监查——应对"。德国合规研究院

在 2021 年的合规体系标准中也采用了该模型。[1] 美国的《联邦裁判指南》也有该模型的要素。[2] 按照德国合规研究院的合规标准，在防范阶段，合规措施主要有行为守则、合规咨询、保障职权、合规沟通与培训。在第二阶段的监查阶段，相应的措施有监督、举报机制及内部调查。在最后的防范阶段，包含的措施有惩罚、程序和控制的改善、报告及危机管理。[3] 另外，该模型也明确了合规管理体系的目标和原则。

（四）合规要素模型

合规要素模型是合规体系中的关键要素被列举出来，并做清单式的体系搭建或合规审计。采用合规要素模型的典型是德国审计师协会在 2011 年发布的《合规管理体系合理评估的原则》。该原则以七大合规要素来审计合规体系的适当性和有效性。[4] 合规的核心因素实质是也是有效合规的必要因素。[5]

"合规立方模型"中包含组织文化、嵌入、活动、人力、资

---

[1] Deutsches Institut für Compliance, *Compliance-Management-Systeme*, 2021 年 5 月 27 日, 见 https: //www. dico-ev. de/wp-content/uploads/2021/03/STANDARD _ CMS _ 2021. pdf。

[2] Stephan Grüninger, Matthias Wanzek, *Teil II Compliance-Management-System*, *Grundlage*, *in Handbuch Compliance-Management*, Berlin：ESV, 2020, S. 407.

[3] Siehe Deutsches Institut für Compliance, *Compliance-Management-Systeme*, 2021 年 5 月 27 日, 见 https: //www. dico-ev. de/wp-content/uploads/2021/03/STANDARD _ CMS _ 2021. pdf。

[4] 详见本章第三节。

[5] 参见周万里：《企业合规基础》，载华东师范大学企业合规研究中心主编：《企业合规讲义》，中国法制出版社 2018 年版，第 11—15 页。

源及根基的六大维度，每个维度的下面有相应的合规措施。[1] 企业按照这六大维度及其相应的措施，建立、运行和评估合规体系。该模型也属于合规要素模型。

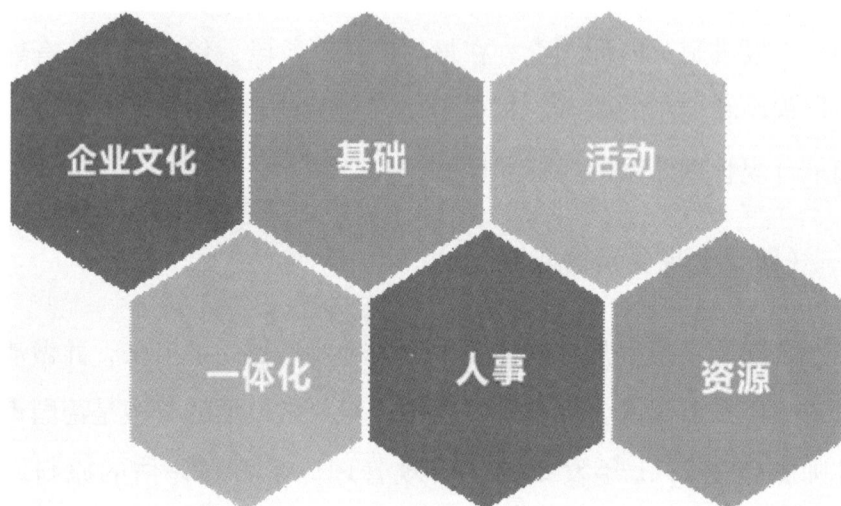

三、合规管理体系的功能

合规管理体系有三个功能。[2] 其一是预防功能。合规管理体系能够避免在企业内部发生不合规行为，并形成守法和诚信的文化。其二是发现的功能。合规管理体系包含了一系列的措施，有助于发现企业中不合规的行为。其三是回应功能。合规管理体系

---

[1] Christian Wind, Leitfaden Compliance, 2018, Bern：Stämpfli, S. 23.

[2] Konstanz Institut für Corporate Covernance, *Empfehlungen für die Ausgestaltung und Beurteilung von Compliance-Management-System*, S. 20.

针对不合规的行为有相应的调查程序和处罚程序，同时也会基于不合规行为完善现有的合规管理体系。这三大功能与西门及合规模型有高度的一致。

第二节　有效合规管理的要素

合规管理的目标是预防和发现企业员工的违法和不正当行为。企业管理者要做出"任务宣言"，明确支持和推动企业合规建设，使合规成为企业行为准则和基本价值。另外，还要有行为守则，指示企业员工避免腐败和垄断行为。然后，企业还需要合规负责人。企业合规师的任务有建立、维护和完善企业合规管理体系，给企业员工提供合规培训，监督企业合规制度的落实，进行内部调查和风险分析和识别。

企业可以实施合规措施或建立合规管理体系，这是合规管理在形式上的基本要求，在实质上，这些措施或管理体系需要真正发挥作用。就合规有效性而言，境内外的一些"合规管理指南"明确了有效合规的必备要素，成为政府监管机关、企业和商业伙伴评价特定企业的合规管理水平的关键标准。有鉴于此，本文从这些合规管理指南提炼出共同的要素，有助于企业建立和评估合规管理体系。

一、概述

在合规管理方面，比较著名的指南包括我国的《合规管理体系指南》、美国《联邦量型指南》、英国《反贿赂法指南》、瑞士《有效合规管理的原则》、经合组织《内控、道德与合规最佳行为指南》以及《合规管理体系指南》（ISO 19600）。为了体现合规管理有效要素在上述多份文件中具体涵盖的情况，下面以表格的形式将相关内容予以呈现，"√"的标识代表相应文件包含相关对应要素，未标识的则表示不涵盖相关要素，以方便概览查阅。下文对这十大要素进行简要分析。

十大要素	我国《合规管理体系指南》	美国《联邦量刑指南手册》	英国《反贿赂法指南》	瑞士《有效合规管理的原则》	经合组织	ISO 19600
领导重视	√	√	√	√	√	√
制度化	√	√			√	√
谨慎规避	√	√				√
培训与教育	√	√	√	√	√	√
报告和举报	√	√		√	√	√
平等				√		
合规监督	√	√	√		√	√
合规风险评估	√	√	√	√		√
激励和惩罚	√	√		√	√	√
持续改进	√	√	√	√	√	√

二、十大要素

(一) 领导重视

企业管理者需要认同合规的价值，投入与企业规模相称的资源，切实制定和执行合规措施，合规地管理和经营企业。企业管理者应当直接负责合规事务，在有董事会的情况下，应当有负责合规事务的董事。企业设立专业部门或配备合规专业人员（合规官）负责具体执行合规事务。合规主管或首席合规官能够直接向企业管理者或公司董事汇报合规的情况。

我国的《合规管理体系指南》明确，企业高管认同合规管理，体现在确保"合规管理体系所需资源的切实可用""体系能否确切融入到业务活动"中，同时考量在指挥和管理其他人员时，能否保证合规领导力的有效展现，能否实现预期效果等。美国《联邦量刑指南手册》要求公司高层人员必须确保公司有"有效的合规和道德体系"，并且高层中必须有人负责此事。英国《反贿赂法指南》明确商业组织的高层应当承诺预防员工有腐败行为，并且推动在公司中形成腐败零容忍的文化。《瑞士有效合规管理的原则》中的第一个有效合规管理要素即为企业高层的重视。《经合组织内控、道德与合规最佳行为指南》规定，公司高级管理人员有力、明确并且看得见地支持公司内控、道德和合规体系建设。国际标准化组织的《合规管理体系指南》明确要求组织管理机构和管理者展示和承诺进行合规管理体系建设。

（二）制度化

我国的《合规管理体系指南》指出，治理机构以及企业的最高管理者与员工协商制定与组织的价值观、目标和战略保持一致的合规方针。指南提出治理机构和最高管理者（最好与员工协商）应建立包括目的、框架范围、后果、自治程度、问责标准等因素在内的合规方针。合规政策不应当是孤立的文件，而是需其他文件支持，包括运行方针、程序和过程。

美国《联邦量型指南手册》明确公司为了预防和制止犯罪行为，应当建立合规标准和程序。《经合组织内控、道德与合规最佳行为指南》提出，公司为了预防和发现境外的贿赂，应对包括子公司在内的所有有效实体进行规制细化，尤其是在礼物、款待费用、娱乐费用、客户旅程、政治捐款、慈善捐赠和赞助、疏通费和游说招揽这七项方面加强重视，以及建立适当的惩罚制度。瑞士《有效合规管理的原则》在第二个有效合规管理要素中提到了合规组织和合规制度建设。国际标准化组织的《合规管理体系指南》要求合规政策应当记录和存档，以简单的语言表述，以便于理解。

（三）谨慎规避

我国的《合规管理体系指南》指出，配置合规管理职责，应当考虑"诚信和信守合规"在内的内容，以确保与合规团队无利益冲突。美国《联邦量刑指南手册》要求公司不要录用有违法前科的人从事合规工作。国际标准化组织的《合规管理体系指南》要求所有员工，包括管理者和合规官，应当履行与组织相关的合规义务。

（四）培训与教育

《合规管理体系指南》提出，通过合规培训能够确保所有员工有能力以与组织合规文化和对合规的承诺一致的方式履行角色职责。美国《联邦量刑指南手册》则明确，组织应当采取培训和其他方式，与公司管理者、高级管理人员、公司员工或经销商进行合规方面的沟通。2010年《英国反贿赂法指南》明确，商业组织采取培训等方式进行内部和外部的沟通，确保反腐败政策和程序融入到组织内部，并且能够被相关人员理解。《经合组织内控、道德与合规最佳行为指南》也有类似的合规培训条款，培训的对象是公司所有的员工。瑞士《有效合规管理的原则》在第三个有效合规管理要素"合规过程"中提到了合规培训与教育的重要性。《合规管理体系指南》明确有合规义务的人应当有效地处理这些义务。为此，教育培训或工作经验是一个途径。

合规培训的目的，是让所有的公司员工体现的角色与公司的合规文化和合规承诺一致。

（五）报告和举报

我国《合规管理体系指南》指出，组织宜采用适当的沟通方式，以确保全体员工持续获知并理解合规信息。沟通宜明确给出组织对员工的期望，以及不合规将在何种情形下逐级上报给谁。对于内部报告，同样体现了上下级的联络畅通，可以说内部报告和高管支持在一定程度上有着内在联系。美国《联邦量刑指南手册》明确，公司应当建立举报制度，指导员工和代理商匿名、秘密举报公司内部的违法行为，同时又不担心自己受到打击报复。瑞士《有效合规管理的原则》在第三个有效合规管理要素"合规过程"中也提到了合规报告和内部举报制度。《经合组织内控、道德与合规最佳行为指南》指出，有效的合规措施包括内部报告制度，针对的问题是公司董事、职员、雇员和商业伙伴迫于上级压力，但是又不愿意违反职业标准或道德，给相关人员提供一个报告途径。国际标准化组织《合规管理体系指南》也明确组织采取适当方法，包括培训和教育，让所有员工理解组织的期望和违规的后果。

（六）平等

平等是指公司内部各层人员皆需要平等地接受合规制度约

束。《经合组织内控、道德与合规最佳行为指南》在这方面作出了明确的规定，即"（反腐败）合规以及遵守内控、道德和合规体系方面的规定或措施，是公司所有层面人员的责任"。

（七）合规监督

合规监督是企业监督合规措施得到落实。对诸如内部报告等各项有效合规制度，我国《合规管理体系指南》提出了确保诸如确立定期时间表、异常情形监督及补救措施等要求。美国《联邦量刑指南手册》规定，组织应当采取合理的措施确保合规和道德体系被执行，包括采取监督和审计的措施发现犯罪行为；以及定期评估合规体系的有效性。《经合组织内控、道德与合规最佳行为指南》指出，公司应当建立财务制度，确保账目清楚，防止它们被用作腐败的工具。《ISO19600：2014合规管理体系指南》在第九章"效能评估"明确持续监督的重要性。合规监督的目的是通过收集信息评估合规管理体系的有效性，包括培训、控制、责任分工等方面的有效性。

（八）合规风险评估

我国的《合规管理体系指南》指出，组织宜识别并评价其合规风险。合规风险评估构成了合规管理体系实施的基础，是有计划地分配适当和充足的资源以及管理已识别合规风险的基础。国际标准化组织的《合规管理体系指南》第六章"规划"

也有和我国上述指南相似的表达。美国《联邦量刑指南手册》指出,组织应当定期评估犯罪风险。基于风险评估的情况,组织采取适当的措施设计、执行或修改现有合规制度。英国《反贿赂法指南》明确,商业组织应当评价公司人员的外部和内部腐败风险。这种评估需要阶段性地进行,并且需要记录存档。《瑞士有效合规管理的原则》把合规风险评估作为合规程序的组成部分。

(九) 激励和惩罚

我国《合规管理体系指南》指出,组织宜建立、实施、评价和维护用以寻求和接收合规绩效反馈的程序,并细化了调查来源的可作性。具体体现在对客户的投诉处理系统,对供应商、监管部门和过程控制日志和活动记录的调查。同时也指出,调查反馈也应当作为持续改进合规管理体系的重要依据。

美国《联邦量刑指南手册》规定,当犯罪行为被发现之后,组织应当采取适当措施处理犯罪行为,并且预防类似行为的发生。另外,该手册还明确,为了使组织的合规和道德体系在整个组织中得到贯彻,可以采取两大措施,即激励和处罚。《经合组织内控、道德与合规最佳行为指南》中"最佳实践"第9点和第10点明确,公司应当采取积极的激励措施奖励合规行为、采取惩罚措施否定违规行为。国际标准化组织《合规管理体系指南》第十章明确,组织应当采取纠正措施应对违规行为，惩罚违规人应当属于其中的一项内容。我国《合规管理体系指南》中也有类似的表述。"正确的激励和惩罚"则是瑞士《有效合规管理的原则》中的有效合规管理的五大要素之一。

（十）持续改进

我国《合规管理体系指南》指明，组织宜设法持续改进合规管理体系的适用性、充分性和有效性，宜将合规报告中对已收集信息进行的分析和相应评价，作为识别该组织合规绩效改进机会的依据。美国《联邦量刑指南手册》明确，公司管理者应当知道合规和道德体系的内容和运作情况，并且确保该体系能够被执行，并且具有有效性。英国《反贿赂法指南》中的有效合规第六项原则便是"监督和评估"，由于外部监管环境或内部组织的变化，持续改进合规管理体系成为有效合规的必备要素。同样，经合组织《内控、道德与合规最佳行为指南》也明确企业应当定期评估合规管理体系或措施，考虑国际和工业标准的变化，持续地提高合规管理的有效性。国际标准化组织的《合规管理体系指南》第十章也是明确组织应当不断地提高合规管理体系的适当性、充分性和有效性。"有效性检验和持续改进合规措施"属于瑞士《有效合规管理的原则》有效合规管理的五大要素之一。

三、小结

基于上述文件比较可以发现，对于合规管理的有效要素来说，目前具有代表性的合规指南持有相同的观点。对于一些不同之处，比如英国《反贿赂法指南》，该指南取代了之前英国有关反贿赂的成文法和普通法规则，并进一步加强了这方面的司法力度，该法提出了新的标准，单列六个原则界定有效合规管理的要素。美国《联邦量刑指南手册》旨在通过刑事政策，规范量刑自由裁量权的"自由度"，也赋予了美国量刑委员会以审查和合理处理联邦量刑程序的广泛权力。因此，该手册在特定章节中通过分散的条款对有效合规管理体系要素加以确定，但语言表达呈现抽象性和开放空间的特征。经合组织试图调和企业在不同司法制度辖区承担责任的矛盾，《内控、道德与合规最佳行为指南》和《商业反腐版道德和合规手册》对合规体系是否能够公正平等涉及企业内部所有层级的人员，在文件中有了价值考量和具体规定。国际标准化组织的《合规管理体系指南》和参照其制定的我国《合规管理体系指南》则更为细致地进行罗列，目的是为企业设立一套有效的合规管理提供指导，同时对相关因素的具体要求有较为细致的规定。企业在建立或评估企业合规体系或合规措施的时候，这十大因素可以成为衡量其有效性的重要标准。另外，需要强调举报制度，包括设立举报热线。举报热线可以设立在企业内部，也可以设立在外部。匿名举报制度、保护举报人制度、举报热线合规成功与否，取决于以下几个因素：企业管理者支持和重视合规建设；企业员工违规，必须承担相应后果。采取的措施包括警告、换岗、解除劳动关系、追偿和移送执法机关处理。另外，企业中应当有监督和调查制度，确保合规制度落实。

第三节　合规审计关注的要素

企业可以通过合规审计的方式，认证合规管理体系。对此，德国审计师协会于2011年颁布的《合规管理体系合理评估的原则》是一个榜样。① 该文件实质上是一个合规审计的标准，仅供德国设计师协会的会员使用。审计主要是基于有效性、理论性或适当性这三个方面审计合规管理体系。企业主动要求进行合规审计的动机包括：企业管理者想知道该企业的合规管理体系的有效性如何；监事会履行其监督的义务；年报的要求；检查合规体系的薄弱之处；合规监督员的要求；企业收购中合规尽职调查的需

① Institut der Wirtschaftsprüfer, *Principles for the Proper Performance of Reasonable Assurance Engagements Relating to Compliance Management Systems*，2011.

要；供应链上的合规要求；投资者的要求。[①]

按照该审计标准，合规审计关注合规管理体系由七大要素构成。它们分别是文化、风险、目标、体系、计划、沟通和监督。

一、合规文化

德国审计师协会的审计标准特别强调合规文化在有效合规体系中的意义。合规文化体现为管理层和监事会的观念和价值观及其对合法合规的认识。另外，合规文化还体现在不合规行为发生后追究和处理。审计合规文化，可以通过查阅企业核心的合规文件和合规制度、访谈中高层领导关于合规的认识及查阅管理层及合规管理委员会的工作记录等来实现。

二、合规风险

分析和控制合规风险是合规管理体系适当性评价的基础。合规风险是指不确定性对特定合规目标的影响。[②] 合规风险审计的对象包括政治、经济、法律或社会环境的变化、人事变动、不同寻常的业务量增长或减少、新领域或产品及兼并和收购等。另

---

① Cornelia Inderst, Britta Bannenberg, Sina Poppe, *Compliance*, 2017, S. 135, 136.
② 参见国家质量监督检疫总局、国家标准化管理委员会：《合规管理体系指南》，2. 12。

外，合规审计师还关注风险识别的程序。

三、合规目标

合规目标是指企业在合规方面确定的具体的目标。合规目标是企业具体要实现的结果。① 合规目标审计的对象包括目标的可理解性和实用性、目标的一致性、目标可衡量性及可实现性。

四、合规计划

合规计划是企业基于合规目标和合规风险采取的必要的原则和措施。合规计划既具有预防的作用，也具有发现和惩罚不合规行为的作用。由于合规计划起到衔接合规目标和合规风险的作用，因此，合规计划审计在合规管理体系审计中具有重要的意义。

合规计划的关键组成部分有企业内部的合规指引、商业伙伴合规、举报制度及其他的合规内控体系。这些成为合规计划审计的对象。

---

① 参见国家质量监督检疫总局、国家标准化管理委员会：《合规管理体系指南》，2.9。

五、合规组织

合规组织是企业内部具体负责合规工作的机关。合规组织的建立和运行是企业组织的一个组成部分。合规组织审计主要关注合规工作组织架构和工作方式及人力和财力的保障。

六、合规沟通

按照合规审计标准，只有当企业员工和第三人知道和理解计划合规及相应的规则，合规管理体系才能具有有效性。只有这样，企业员工才能清晰自己涉及任务在合规方面的要求。因此，合规沟通审计重点关注合规培训、合规咨询和合规信息这三个方面。

七、合规监督和改进

合规管理体系的外部环境，尤其是外部政策的变化导致合规义务产生动态的发展，影响到合规管理体系的适当性和有效性。为此，企业需要持续地监督和改进合规管理体系的适当性和有效性。

合规审计的对象首先是监督的理念，也就是对监督的责任和过程做审查。其中包括监督的主体是否具有独立性、监督的资源是否得到保障。另外，企业可以通过自测的途径了解本企业的合规管理体系的有效性。最后，监督的结果如何在合规管理体系中得到交流和处理，也是合规审计的内容。

第四章 合规文化

合规文化，是企业采用价值导向的合规管理的一个关键要素。企业进行合规管理，必然需要重视合规文化的培育。企业需要的不是表明上的合规管理，而是"行动中"的合规管理，而合规文化无时无刻推动实现真实有效的合规管理。

从企业发展的角度来看，在实践中，大型企业、外资企业和具有合规意识的中型企业，关注合规文化在合规管理中的作用。合规文化是企业文化的组成部分，想企业的利益相关者展现了积极的企业价值观，成为企业员工共同工作的理念基础，也是确保企业长期可持续发展的方向标，潜在地影响着企业员工的行为。相反，企业管理层和员工之间对合规有肯定或否定的不同认识，结果只能是"道不同，不相为谋"，增加了企业内部协调的成本，削弱了企业的市场竞争力。

从合规管理模式来看，重视合规文化培育的合规管理，优于轻视合规文化培育的合规管理。合规管理的模式，大致可以分为技术导向的合规管理和价值导向的合规管理。技术导向的合规管理，着重企业的规章制度建设和流程管理，进而预防和控制不合规行为。价值导向的合规管理，是以技术管理为基础，重点是通过企业的合规价值导向和合规文化培育，影响企业及其员工的行为。合规管理成败与否，固然有制度方面的原因，对此，可以填补制度上的漏洞，预防类似违规的发生。但不合规一般都有的深层次问题，尤其是员工缺乏合规意识和对合规的认同。企业不解决这些问题，就不能实现长期有效和深层次的合规管理。合规文化培育，是企业合规管理成功与否的一个关键。

从政府监管的角度来看，发展合规文化是有效合规管理的普遍要求。诸如我国的《合规管理体系指南》、国际标准化组织《合规管理体系指南》、美国《反海外腐败法信息指引》以及德国审计师协会《审查标准980》，都明确合规文化是合规管理体系的必要组成部分。

第一节　合规文化的概念

合规文化，是指促使员工实施合规行为的价值观、道德、信念及行为。[①] 企业文化是指"由企业核心价值衍生而成，并能够形成延续性的认知模式与习惯性的行为方式。这种认知模式和行为方式使企业与利益相关者之间、与员工之间能够达成共识，形成心理默契，并成为员工行为与表现的依据"。[②] 企业文化包含安全文化、诚信文化、风险文化等诸多方面，合规文化也是其中的一个方面。

第二节　合规文化的意义

合规文化是渗透在整个企业的价值观、道德规范、信念及行为，与企业的组织结构和控制系统相互作用，产生有利于合规效果的行为准则。[③] 它是一种与法规、道德及伦理相关的企业文化。

适当、有效的合规管理的根本是合规文化。具有合规文化的企业把合规视为合乎其利益的行为，而不是仅仅为了规避外部的惩罚。

企业管理人员对合规文化的基本认识和处理方式，决定了合规文化的落实效果。企业管理者采取的具体措施都是对企业文化

---

① 参见国际标准化组织 2021 年 4 月 13 日颁布的《合规管理体系要求及使用指南》"3.28"节及中国标准化管理委员会制定的《合规管理体系指南》"2.19"节。
② 段磊、张楠：《企业文化：建设与运营》，企业管理出版社 2021 年版，第 5 页。
③ 段磊、张楠：《企业文化：建设与运营》，企业管理出版社 2021 年版，第 5 页。

的反映，比如合规激励制度、违规惩罚制度、职业发展和晋升制度等，它们涉及企业管理层对合规和不合规的态度，释放信号，强烈地影响到企业员工的行为。

对于企业员工来说，合规文化也决定着企业员工的规则意识，影响了他们实施合规行为的意愿。合规文化能够使合规的价值内化和融入员工的价值观，潜移默化地促使他们发自内心地遵守规则，即使是在无他人在场的情况下，也能够按照规则行事。在规则有灰色地带的时候，或在行为人不能判断特定行为是否违规时，合规文化一般都是积极和正面的价值观，往往能够成为潜意识，决定着行为人选择实施正确的或合规的行为。

合规文化是企业文化的一个组成部分，反映了企业的经营理念和价值观，是企业的一种软实力和精神财富。健康、有社会责任和可持续发展的企业文化和合规文化，能够保证企业能够长久、可持续地发展。企业文化是规则、价值观和思维方式的整合，决定了企业所有层级的员工的行为方式。合规文化同样如此。

第三节 合规文化的培育

企业可以通过多种途径培育合规文化，使合规文化成为企业所有员工的价值观。首先，企业需要从宏观上明确决定合规文化的因素。企业的合规文化，主要是与该企业及其员工的基本价值和该企业的经营环境相关。决定合规文化的因素包括：①

（1）企业管理最高层的价值观和行为方式。最高管理者合规承诺是必要的，却不是充分的。

（2）适用于整个企业的行为守则。

（3）管理层的各个管理者的行为方式。

（4）企业的领导风格和用人政策。

（5）在风险控制和合规方面，管理层的重视程度。

一般而言，重视合规，不合规时不论违规者的身份与地位如何都要追究责任的的企业，② 合规文化就比较好，针对企业员工的合规管理的规则就能够被顺利落实。

具体而言，企业可以通过以下几种方法培育合规文化。

一、明确具体的合规文化

企业的管理者应当在"行为守则"中首先明确：基本的道德规范和原则，比如诚实信用原则，能够促进员工道德水平的提高和合规管理的有效性。其次，企业管理者需要明确哪些基本道

---

① 德国审计师协会：《审查标准980》（IDW PS 980），2011年，A.14。
② 国家标准化管理委员会：《合规管理体系指南》，6.3.2.3，"不论职位，处理相似措施时保持一致"。

德和原则是本企业的价值基础，并且从企业的最高层到企业的最底层进行清楚、明白地沟通这些价值观，将它们规定在公司章程、行为守则和商业合同等中。[①] 这些价值可以是"可持续发展""诚信""团队精神""承诺"和"社会责任"等关键词蕴含的意义。企业的管理者在选择哪些基本价值作为合规文化的基础时，应当让企业各级管理层的管理人员参与制定和发现特定的价值。企业在通过基本价值的草案前，应当与企业的员工进行沟通、听取他们的意见。采取这种方式，企业的基本价值才能得到企业各层管理者和员工的认可，以便于后期的落实和执行。其次，企业应该至少每年总结和报告企业员工是否知悉、理解本企业的基本价值，是否持续地对他们的行为产生了影响。

二、合规文化沟通

为了发展合规文化，企业的管理者应当积极、前后一致并且可持续地认可合规的价值。合规成为企业管理的长期任务。[②] 其次，企业的员工应当清楚违规给自己、所在部门和企业带来的不利影响。[③] 在最佳的状态下，合规是企业员工的自愿行为。

---

① 国家标准化管理委员会：《合规管理体系指南》，6.3.2.3，"一系列已发布的清晰的价值观"。

② 国家标准化管理委员会：《合规管理体系指南》，6.3.2.3，"管理层积极实施和遵守价值观"。

③ 国家标准化管理委员会：《合规管理体系指南》，6.3.2.3，"员工充分了解与其自身活动和所在业务部门活动相关的合规义务相应的合规义务"。

此外，企业对合规开放额沟通机制能够促进合规文化的形成。比如企业举办"公开对话"或"大声讲"等活动，让公司员工对合规的话题畅所欲言、揭发和举报违规行为、澄清自己在合规方面的疑惑或建议改善合规方面的工作。①

三、领导重视合规文化

领导重视合规，是合规文化建设的根基。企业的最高管理者应当在日常交流、会议、年度报告中肯定合规对企业发展的积极意义。此外，企业中高层的领导及员工的直接领导，需要通过自己的言行重视、践行合规的要求。

企业领导的行为方式，决定性地影响了企业员工的合规行为。企业管理的风格和合规的文化，决定了可持续和有效合规的基础。企业的最高管理层应当重视合规管理的意义，在监督、辅导和指导合规建设中以身作则。②企业的管理者应当在对内和对外的经营活动中，经常积极主动地肯定合规和诚信的正面价值，并且明确在商业决策有多种选择的情况下，优先考虑和实施合规的商业决策，而不是短期来看利益最大化的商业决策。

---

① 国家标准化管理委员会：《合规管理体系指南》，6.3.2.3，"持续就合规问题进行沟通"，"就合规进行公开和适当的沟通"。

② 国家标准化管理委员会：《合规管理体系指南》，6.3.2.3，"在监视、辅导和指导过程中以身作则"。

四、合规文化工作坊

企业可以采取文化工作坊、培训或类似的活动形式，经常性地围绕企业的基本价值、组织文化、合规文化和诚信等话题，进行讨论、交流和培训。这类形式的活动可以在企业内部的各个工作部门进行，部门负责人应当参与到此类活动中。活动的话题包括经验分享、案例分析和工作组个人面临的挑战等，每年应当至少一次这样的活动，让企业员工持续地获得和认同企业的合规文化。

第四节　合规文化的标准

一、合规管理体系指南

国家质量监督检验检疫总局和国家标准化管理委员会，于2017年12月29日颁布、2018年7月1日实施的《合规管理体系指南》，主要是借鉴了国际标准化组织制定《合规管理体系——指南》，把合规文化作为评价有效合规的一个要素，强调公司高层应当推动合规融入到企业中。在该指南中，对合规文化的重点表述如下：

合规文化：贯穿整个组织的价值观、道德规范和信念，与组织的结构和控制系统相互作用，产生有利于合规成果的行为准则。[①]

发展合规文化要求治理机构、最高管理者和管理层，对组织的各个领域所要求的共同的、已发布的行为标准作出积极的、可见的、一致的和持久的承诺。

例如，支持合规文化发展的因索包括：

——一系列已发布的清晰的价值观；

——管理层积极实施和遵守价值观；

——不论职位，处理相似措施时保持一致；

——在监视、辅导和指导过程中以身作则；

——对潜在员工进行适当的就业前评估；

——在入职培训或新员工训练中强调合规和组织价值观；

——持续进行合规培训，包括更新培训内容；

——持续就合规问题进行沟通；

——建立绩效考核体系，考虑对合规行为的评估，并将合规表现与工资桂钩，以实现合规关键绩效措施和结果；

——对合规管理业绩和结果予以明确认可；

——对故意或因疏忽而违反合规义务的情况给予即时和适当

[①] 国家质量监督检验检疫总局、国家标准化管理委员会：《合规管理体系指南》，2.19。

的惩罚；

——在组织战略和个人角色之间建立清晰的联系，反映出合规是实现组织结果所必不可少的；

——就合规进行公开和适当的沟通。

合规文化的形成体现于下列方面的实现程度：

——所有上述事项均得到充分实施；

——利益相关方（尤其是员工）相信上述事项已得到充分实施；

——员工充分了解与其自身活动和所在业务部门活动相关的合规义务相应的合规义务；

——组织各层按要求针对不合规进行"自主"补救，并采取相应措施；

——合规团队所扮演的角色及其目标得到重视；

——员工有能力且受到鼓励向相应的管理层提出其合规疑虑。①

二、企业境外经营合规管理指引

2018 年 12 月 29 日，国家发展改革委员会等七部门联合印发了《企业境外经营合规管理指引》，致力于推动中国企业在境外

---

① 国家质量监督检验检疫总局、国家标准化管理委员会：《合规管理体系指南》，6.3.2.3。

持续提升合规管理水平。该指引参考了上述的《合规管理体系指南》，基本理念和方法与后者保持一致。尤其是在合规文化这一方面，该指引的最后一章第 8 章，以"合规文化建设"为题，有两条详细规定了合规文化的建设方法。

第 29 条　合规文化培育

企业应将合规文化作为企业文化建设的重要内容。企业决策层和高级管理层应确立企业合规理念，注重身体力行。企业应践行依法合规、诚信经营的价值观，不断增强员工的合规意识和行为自觉，营造依规办事、按章操作的文化氛围。

第 30 条　合规文化推广

企业应将合规作为企业经营理念和社会责任的重要内容，并将合规文化传递至利益相关方。企业应树立积极正面的合规形象，促进行业合规文化发展，营造和谐健康的境外经营环境。

除此之外，在国务院国资委的《中央企业合规管理指引（试行）》中，也要求"积极培育合规文化"。①

三、美国反海外腐败法信息指引

2012 年，由美国司法部刑事司和美国证券交易委员会执法

---

① 国务院国资委：《中央企业合规管理指引（试行）》第 27 条。

部联合发布的"美国《反海外腐败法》信息指引",[1] 阐释该法案的背景、反贿赂条款、会计条款和执法的基本原则等。其中,在执法的基本原则中,如下所示,尤其是对有效合规体系进行了详细阐释。

一项有效的合规方案应当促进"一种鼓励道德行为和信守法律的组织文化"。[2]

在一个商业组织内部,合规开始于董事会和高级管理人员如何为公司设定适当的基调。经理和员工会根据公司领导者的提示而采取行动。因此,司法部和证交会会考虑公司领导者对营造"合规文化"的承诺并检验这种高级别的承诺是否在中层经理及公司各层级员工处得以加强和实施。一项良好设计的合规方案如果不能得到善意的执行,例如公司管理明示或暗示地鼓励员工从事不当行为以达成业务目标,则依然是无效的。司法部和证交会经常会遇到合规方案在书面上很完善的公司却仍然有重大的反海外腐败法违法行为,因为公司的管理层未能有效地实施合规方案,即便是在腐败显而易见的情形下。这可能是由激进的销售人员阻碍合规人员有效开展工作以及高级管理人员对获取有价值的商业机会而不是加强营造合规文化更关心而选择站在销售团队一

---

① 美国司法部刑事司、美国证券交易委员会执法部:美国《反海外腐败法》信息指引,2021 年 5 月 26 日,见 https://www.justice.gov/sites/default/files/criminal-fraud/legacy/2015/01/16/guide.pdf。

② 美国司法部刑事司、美国证券交易委员会执法部:美国《反海外腐败法》信息指引,第 56 页。

边。交易的财务利益越高，管理层为了利润而舍弃合规的动机就越大。

强有力的道德文化直接支持着强有力的合规方案。通过遵守道德准则，高级管理人员能够激励中层经理强化该等道德准则。守法的中层经理又能够鼓励组织架构各层级的员工努力达到该等准则。①

四、英国 2010 年反贿赂法指南

英国 2010 年的《反贿赂法》目的是预防贿赂国家机关工作人员和私人企业工作人员。并且，该法规定企业没有采取措施预防其员工实施贿赂行为的，也要承担刑事责任。2011 年，英国司法部颁布了配套的《2010 年反贿赂法指南》，以落实反腐败的工作。其中，该指南明确反腐败的六项原则，② 其中第二项是"高层承诺"，明确高层在推动有效合规中的作用：

商业组织的管理者承诺预防与它相关人士的贿赂。他们促进在企业中形成贿赂零容忍的文化。

---

① 美国司法部刑事司、美国证券交易委员会执法部：美国《反海外腐败法》信息指引，第 57 页。

② 英国司法部：《2010 年反贿赂法指南》，2021 年 5 月 26 日，见 http：//www. justice. gov. uk/downloads/legislation/bribery-act-2010-guidance. pdf。

五、德国审计师协会审查标准 980

德国审计师协会 2011 年颁布的《合规管理体系审查原则》，[①] 即德国审计师协会《审查标准 980》，是德国最有影响力的合规管理标准和指引。其中合规管理有效性，主要是通过审查七个要素来确定。它们分别是合规文化、合规目标、合规风险、合规项目、合规组织、合规沟通和合规监督与完善。合规文化属于最基本和最核心的一个要素。按照该标准，一个企业的合规文化，主要是由企业及其员工的价值观和经营环境决定。企业的管理层对往往塑造了合规文化。

六、国际标准化组织的合规管理体系要求及使用指南

国际标准化组织于 2021 年 4 月 13 日公布《合规管理体系要求及使用指南》（ISO 37301），取代 2014 年 12 月公布的《合规管理体系指南》（ISO 19600）。《合规管理体系要求及使用指南》成为合规体系认证的强制性标准。在该标准中，合规文化处在合规管理体系的核心位置。它是指贯穿于组织并与组织的结构和控制体系相互作用，进而产生又有助于实现合规的行为规范的价

[①] 德国会计师协会：《合规管理体系审查原则》，2021 年 5 月 26 日，见 https：//www. idw. de/idw/verlautbarungen/idw-ps-980/43124。

值、道德、信念及行为。相较于2014年版的《合规管理体系指南》,2021版定义增加了文化的表现之一人的"行为"。《合规管理体系要求及使用指南》强调合规文化应当在整个组织中得以传播和实施。最高管理层对此应当起到推动和示范的作用,支持和促进合规行为。该标准的附件《使用指南》还列举了促进发展合规文化的要素,清晰的价值观、管理层合规、对不合规行为的处理、监督等,并提出合规评估的要求。

第五章　合规组织

有效合规的一个必要条件是有负责合规管理的合规组织。建立合规制度、采取合规措施、不断完善合规制度和提高合规管理的效率，都需要一个合规组织。如同组织内的其他部门承担的职能，合规组织的职责是预防和处理违规行为，使合规管理有效地与企业的经验活动实现内恰。从事合规管理的是合规部门和合规从业人员，赋予合规部门应有的职权，处理好与其他职能部门之间的关系，明确合规从业人员的职权和职责，并且明确合规管理的基本原则，才能使合规管理与公司的经验活动实现最优化的融合。

第一节　纵向划分：企业管理者与合规部

从纵向角度来看，合规工作应当融入到企业的最高管理层。合规师企业管理者的义务和责任，也是合规管理有效性的关键因素。所以，在企业管理层应当有负责合规的管理者，通过"合规委员会"（或"公司治理委员会""诚信管理委员会""一体化管理委员会"等）统筹整个企业的合规管理工作。合规部负责人担任合规委员会的委员，甚至应当成为最高管理层的成员。

合规部和合规管理在公司治理结构中有着非常重要的地位，应当保持独立性。这种独立性尤其是应该体现在合规的具体工作中，例如举报、内部调查和合规惩罚。另外，企业应当为合规部提供足够的资源，便于合规部行使权能。

第二节　横向划分：合规部、法务部、
内控部和人事部

落实合规管理体系有四种模式，分别是独立的合规部门落实

合规管理、法务部门落实合规管理、内控部门落实合规管理、多部门联合落实合规管理。对于上市企业，一般需要独立的合规部门。中小企业的法务部门一般承担合规的职能。

法务部处理的案件具有个案性特点，针对具体案件提出法律解决方案。合规不仅是个案性，而且是一个系统性地解决违规问题的体系化方法，预防性很强。

合规部门分为合规委员会和合规职能部门。合规委员会是合规的最高决策和规划部门，合规职能部门具体负责合规的日常管理工作。

（一）合规委员会

合规委员会是企业合规的最高负责机构，一般是确定企业合规管理的总体规划和重大决策问题。合规委员会一般履行以下的合规职责：1. 确认合规管理战略，明确合规管理目标。2. 建立和完善企业合规管理体系，审批合规管理制度、程序和重大合规管理方案。3. 听取合规管理工作汇报，指导、监督、评价合规管理工作。①

---

① 国家发展改革委等七部门：《企业境外经营合规管理指引》，2018 年，第 11 条。

第三节 合规职能部门

合规职能部门主要有三种形式，分别是合规部、法律与合规部以及风险防控部门。合规的具体职能有这三个部分集中行使。

一、合规部

合规部是专门行使合规管理职责的部门。由于合规管理是一种专门以合规风险识别和处理为工作内容，与法务部门和风险控制工作的重点有差别，因此独立的合规部能够更为集中和专业地行使合规职责。

二、法务部

在实践中，法务部行使合规管理的职能也比较常见，主要是因为合规管理中很大一部分涉及的是法律合规和法律风险的控制。

合规管理的范围超越了法律合规，并且是一项持续性的管理工作，也与法务部的工作有明显的不同。再者，合规管理重在预防，而法务部的工作重在处理当前面临的法律问题，在工作的思维方式上也有不同。因此，即使在法务部的框架下开展合规工作，企业也应当注意到合规管理与法务的不同之处，让合规工作能够成为法务中独立的工作领域，只有这样的话，才能确保履行合规的职责。

三、风险控制部门

在实践中，风险控制部分行使合规管理的职能也比较常见。这主要是因为风控管理和合规管理在工作理念和工作方式方面有相同的地方。它们都是为了预防和控制某种风险，并且也通过风险分析和控制等方式处理可能发生的不利后果。基于这个考虑，合规管理被认为是风险管理的组成部分。

企业面临的风险多种多样，原则上合规风险可以作为一般性的风险管理的组成部分。不过因为，合规风险涉及的范围比较广、专业性比较强，专业的合规管理组织或团队更能够有效地应对合规管理带来的挑战。

四、合规职能部门的职责

上述的合规职能部门一般应履行以下的合规职责：[1]

---

[1] 国家发展改革委等七部门：《企业境外经营合规管理指引》，2018 年，第 11 条。

（1）持续地关注企业经营业务所涉国家或地区的法律法规、监管要求和轨迹规则的最新发展，即使提供合规建议。

（2）建立、实施和完善合规管理体系。制定企业的合规管理制度和年度合规管理计划，并推动其贯彻实施。

（3）审查评价企业规章制度和业务流程的合规性，组织、协调和监督各业务部门对规章制度和业务流程进行梳理和修订。

（4）组织或协助业务部门、人事部门开展合规培训，并向员工提供合规咨询。

（5）合规风险分析。积极主动识别和评估与企业经营相关的合规风险，并监管与供应商、代理商、分销商、咨询顾问和承包商等第三方相关的合规风险。为新产品和新业务的开放提供必要的合规型审查和测试，识别和评估新业务的拓展、新客户关系的建立以及客户关系发生重大变化等所产生的合规风险，并制定应对措施。

（6）实施充分且具有代表性的合规风险评估和测试，查找规则制度和业务流程存在的缺陷，并进行相应的调查。

（7）对已发生的合规风险或合规测试发现的合规缺陷，应提出整改意见并监督有关部门进行整改（违规应对）。

（8）推动将合规责任纳入岗位职责和员工绩效管理流程。建立合规绩效指标，监控和衡量合规绩效，识别改进需求。

（9）建立合规报告和记录的台账，制度合规资料管理流程。

（10）建立并保持与境内外监管机构的日常的工作联系，跟踪和评估监管意见和监管要求的落实情况。

五、企业合规师

合规负责人是负责企业合规管理的具体实施和日常监督。合规负责人可以是专职的首席企业合规师，也可是由法务部或风险控制部门负责人兼任，但是不应当由业务部门的负责人担任。具体而言，合规负责人主要的合规职责有以下几个方面：

1. 贯彻执行企业决策层对合规管理工作的各项要求，全面负责企业的合规管理工作。

2. 协调合规管理与企业各项业务之间的关系，监督合规管理执行情况，及时解决合规管理中出现的重大问题。

3. 领导合规管理部门，加强合规管理队伍建设，做好人员选聘培养，监督合规管理部门认真有效地开展工作。

第六章　企业合规师

　　与医师、律师、教师、会计师、审计师、工程师等对公众而言耳熟能详的职业类型相比，企业合规师是一个并不为公众所了解的职业类型。究竟企业合规师是做什么的？企业合规师的主要工作任务是什么？市场为什么需要企业合规师这样的职业？企业合规师应当具备什么样的能力？企业合规师既然作为一种独立的和具有专业性的职业，高等教育机构是否有培养企业合规师的对应专业？企业合规师高等人才如何培养？这些问题在 2021 年 3 月 9 日之前，人们不会意识到企业合规师的存在及上述涉及的问题。而正是在 2021 年 3 月 9 日，人力资源社会保障部办公厅、市场监督总局办公厅和统计局办公厅在人社厅发〔2021〕17 号的文件中，正式确定企业合规师的这个新职业，并明确了企业合规师的定义和主要工作任务。该文件确定企业合规师等的新职业，是为了贯彻落实《国务院关于推行终身职业技能培训制度的意见》提出的"紧跟新技术、新职业发展变化，建立职业分类动态调整机制，加快职业标准开发工作"要求，加快构建与国际接轨。需要重点强调的是企业合规师的确定主要是和其中的新职业发展变化和与国际接轨有密切的关系。

本章基于该文件对企业合规师的规定，并结合我国的《合规管理体系指南》《中央企业合规管理指引》以及《企业境外经营合规管理指引》等关于合规管理的具体职责，针对上述的问题，论述企业合规师的概念、工作范围（职责）、企业合规师的必要性及企业合规师的人才培养途径，目的是展现出企业合规师的整体面貌。

第一节　企业合规师的概念

在对企业合规师做出界定之前，企业合规的概念应当得以明晰。

一、合规与企业合规

合规，简单地说，就是合规规定。合规的主体在国际标准化组织的文件中被泛称为组织。组织即为人的集合，是一种有机的、有规则的单位。企业便是一种典型的组织。所以，企业合规就是企业遵守法律法规、企业内部规章制度和道德规范。在企业中从事这种企业合规管理工作的人按照行业惯例和公众的一般的认识，被称为合规官。不过，这种职业在我国一直以来没有得到官方的承认和标准化。实践中出现的合规专员、合规经理和合规官，都是从事合规工作的，只是在位阶和工作范围上存在区分。合规官及首席合规官属于级别高和更得到认可的职位。

二、企业合规师的内涵

人社厅发〔2021〕17 号的文件对企业合规师的职业做了定义，从本质上而言，是对合规职位做了统一化的处理，推动了合规职业共同体的产生。

具体而言，企业合规师是一种职业，而上述的合规专员、合规经理和合规官都属于职位。按照人社厅的这个定义，企业合规是是指从事企业合规建设、管理和监督工作，使企业及企业内容成员行为符合法律法规、监管要求、行业规定和道德规范的人员。上述的三类人群其实都是从事了企业合规师的职业。

（一）"合"的含义

在该定义中，"企业合规"作为一个预设的概念，没有定义。对此，可以参见学术界及上文对企业合规的主流定义。

1. 建设

建设是指企业合规师创造和创建合规体系或单个合规管理制度。企业合规师从事合规建设可以是在企业没有合规管理制度的基础之上。也可以是在现有的合规管理制度的基础之前，根据企业所处的行业特点、企业的规模大小、企业的复杂程度及企业管理层的需要，建设有效的和适合的合规管理制度。

在多数情况下，企业从事合规管理建设的压力来自外部。在外部监管环境和商业环境的压力之下，企业的管理层推动企业合规的建设。对于企业合规建设的具体开展，是由企业合规师来具体落实。

企业合规建设可以是合规体系建设，也可以是单项的合规管理建设。合规管理建设主要包括了合规管理体系的搭建和合规风险的识别和管理。企业合规师根据企业所处的外部监管环境、商业环境及企业管理层的要求，以书面形式明确企业的合规管理制度。

2. 管理

管理是指企业合规师负责落实合规管理制度、预防和处理不合规的行为。管理是企业合规师的日常工作，目的是确保企业在第一阶段建设的合规管理体系能够得以发挥作用，能够在企业的各个业务中得到全面的落实。合规管理的核心是预防，尤其是对于高风险的人员、业务和部门，是企业合规师关注的重点。合规管理的信赖性，体现在对不合规行为的调查和处罚。企业合规师只有认真对待不合规的行为，合规地处罚从事不合规行为的员工，才能在整个企业中树立威望和尊重。

3. 监督

监督是企业合规师对合规管理的落实情况所做的工作。监督的目的是合规管理制度在各个部门和每项业务中得到落实。监督的另外一个目的是发现不合规的行为及提升合规体系的适应能力。

（二）"规"的内涵

1. 法律法规

法律法规是指国家制定的正式的规范，包括全国和地方立法机关制定的法律、中央和地方行政机关制定的规章和制度。企业的经营管理行为符合法律法规，实施合法行为，是对企业的最基本的要求。企业合规师在该层面上与律师和企业法务部工作人员的工作范围基本一致。

2. 监管要求

监管要求是监管机关发布的具体的规范性要求。监管要求也是普遍性的和一般性的规定。它与法律法规的区别在于制定的程序和规定事项的针对性。监管要求主要是指市场监督管理部门针对企业发布的令行禁止的要求。例如，国家市场监督管理总局发布的食品卫生、质量安全、市场竞争秩序、信用监督、广告监督等方面的规定。监管规定与企业的日常经营活动联系紧密，是企业合规师最需要关注的规则。

3. 行业规定

行业规定是企业所在行业的行业协会发布的规范性要求。行业规定与企业的经营活动最为紧密和直接，往往具有操作性的要求。行业规定没有规范性的约束力，仅是评价企业经营活动的一个标准。

4. 道德规范

道德规范是伦理要求，是一种没有外在的强制约束力的规范，是通过对行为的内心产生内在的约束力。企业在经营活动中面临商业道德和行业特殊道德规范的约束。违反道德规范虽不能对企业有强制性的不利后果，但对企业的声誉和信誉会造成负面影响，进而负面影响企业的效益。

三、企业合规师的外延

（一）企业合规师的群体

另外，同样重要的是，该定义并没有将企业合规师的"人员"局限于企业内部的工作人员，而是一个开放的概念。所以，在合规实践中已经形成的职业群体，都可以取得企业合规师的职业资格，并从事企业合规师的工作。这类群体中，最为典型的是法律合规律师、刑事合规律师、企业合规管理咨询工作人员和高校的合规研究人员和教学人员。

这些专业群体的工作人员与"合"和"规"有着天然的联系和内在的逻辑。律师等法律工作者天生就是与"规"打交道，制定"规"、解释"规"和适用"规"。即使"规"的范畴远大于"法"的范畴。而"合"与管理学有着天然的联系。"合"在一定程度上属于管理学的范畴。原因是，"规"在企业中得以制定、落实和改善，并深入到企业的最高领导层和最底层的员工，需要处理合规文化、合规组织架构、日常的合规培训及不合规时的内部调查等管理问题。

（二）企业合规师和非企业合规师

企业合规的主体局限于企业，而不是涉及非企业的组织。事实上，在国际标准化组织于 2015 年发布的和我国标准化管理委员会及质量监督检验检疫总局联合发布的具有同样标题和实质内容一致的《合规管理体系——指南》中，合规的主体是组织，而不局限于企业。因此，人社厅发〔2021〕17 号文件对企业合规师的定义缩小了国际和国内的《合规管理体系——指南》的适用范围，使合规职业在非企业的组织中职业认同处于不确定性，限制了我国非企业组织的合规管理的发展水平和合规文化的传播。尤其是医院、学校和协会等的合规管理。对此，本书建议在非企业的组织中，企业合规师的职业定位、工作范围、职权等，应当比照人社厅发〔2021〕17 号文件对企业合规师的规定，根据具体情况同时适用国际和国内的关于合规官和合规师的职业教育和职业标准。

第二节　企业合规师的工作任务

人社厅发〔2021〕17 号文件对企业合规师的主要的工作任务做了封闭的列举。具体而言，主要的工作任务有七项。它们分别是：

一、制定企业合规管理战略规划和管理计划

制定企业合规管理战略规划和管理计划，是企业合规师的高阶任务。合规战略和合规计划，是企业从事合规管理的第一步，也是决定后期合规管理是否成功的起点因素。在该步骤中，企业合规师应当明确企业所在的环境和利益相关者的需求，进而讲这种外在的需求转化为企业的合规战略和合规计划。

二、识别、评估合规风险与管理企业的合规义务

企业合规师在明确合规计划后，关注外部的利益相关者关切的合规义务。企业的合规义务应当是分轻重缓急。企业合规师应当首先关注对企业有着最严重影响的合规风险。

三、制定并实施企业内部合规管理制度和流程

企业合规师在识别和评估合规风险后，需要制定和实施企业内部合规管理制度和流程。该任务的实质是制度制定和制度落实。企业合规师关注的是企业关注的合规风险，并制定相关的制度控制合规风险。

四、开展企业合规咨询、合规调查，处理合规举报

企业合规师开展合规咨询、合规调查和处理合规举报，是日常性的合规管理工作。合规咨询的目的是合规沟通，及时传播合规的知识和理念。与此紧密相关的还有合规培训。合规调查是企业合规师实施的查明不合规行为的程序。合规调查的启动是因为不合规行为被发现或举报。合规举报是发现不合规行为的重要途径。

五、监控企业合规管理体系运行有效性，开展评价、审计、优化等工作

企业合规管理体系建立之后，体系的目的是否能够实现及效

果如果，是合规管理体系的有效性的问题。为此，企业合规师可以按照合规标准等评价和审计合规体系，并优化合规体系。

六、处理与外部监管方、合作方相关的合规事务，向服务对象提供相关政策解读服务

企业合规师起到桥梁的作用，与外部监管方，包括国内外的政府监管机关、国际组织、行业协会及商业伙伴，沟通合规方面的实务，尤其是处理不合规案件。企业合规师对于新的政策变化，应当向公司管理层和员工提供政策解读和合规风险的提醒。

七、开展企业合规培训、合规考核、合规宣传及合规文化建设

企业合规师典型的日常工作还包括合规培训、合规考核、合规宣传及合规文化建设。合规培训的目的是让公司管理层和员工掌握合规的知识点，避免不合规行为的发生。合规培训的重点是高风险的业务部门和业务人员。合规考核是企业合规师对企业管理层和员工在合规工作方面的考核。合规考核是底线考核。合规考核不合格，将会导致业务方面可和不合格。合规宣传的目的是宣传合规知识和传播合规文化，是合规沟通的一种体现。合规文化是体现在企业的管理层和员工身上无形的价值观、理念及行

为，对企业员工的行为产生潜移默化的影响。

按照上文对企业合规师的内涵的阐述，这七项工作任务可以分别归纳到建设、管理和监督的三个方面。即工作任务（一）和（三）属于企业合规师的建设工作，工作任务（二）（四）（六）（七）属于企业合规师的管理工作，工作任务（五）属于企业合规师的监督工作。

第三节　企业合规师的培养和考核

合规从业人员的专业背景一般是法律类专业或企业管理类专业，其次是经济类或心理学专业。合规的本质是管理，合规管理的内容是规则，就此而言，企业管理和法律类专业与此紧密相关，掌握企业管理类和法律的基本知识是合规工作的前提条件。另外，合规工作中涉及组织文化和认同等方面的组织心理学方面的内容，心理学专业背景对于合规管理工作也非常有帮助。

一般不适合从事合规工作的是有不良记录或违规记录的人。合规管理的目标是让员工诚实信用、遵纪守法，合规从业人员在这方面更需要如此。合规官是多数由法律人担任。但是，担任合规官不仅需要的是法律知识，还需要有企业管理方面的知识，理解企业的业务。合规官的最基本定位是培训师。是给企业员工培训合规知识的工作人员。合规官是企业内的检察官，可以说合规官是企业的辅警。不过，这样的角色定位，不利于企业合规管理的展开。原因是企业员工感觉是被管理和监管，不能对合规部门产生信任。企业合规师的另一种定位是合规文化推动者和促进者。

第三编　合规型监管的方法及运用

第七章　公司法中的合规治理

　　企业合规管理，既是法律对企业的要求，也是企业承担社会责任的表现。[①] 2017 年 12 月，中国标准化管理委员会发布了《合规管理体系指南》，并于 2018 年 8 月 1 日开始实施。2018 年 4 月，中兴通讯公司因违反美国出口控制法被禁运美国元器件七年的事件，把中国企业合规管理的问题推到了浪口。[②] 随后，2018 年 11 月，国务院国资委印发《中央企业合规管理指引（试行）》，推动中央企业全面加强合规管理，加快提升依法合规经营管理水平，着力打造法治央企，保障企业持续健康发展。[③]

---

　　① 参见周万里：《企业合规基础》，载华东师范大学企业合规研究中心主编：《企业合规讲义》，中国法制出版社 2018 年版，第 3 页。
　　② 参见周万里、陈泉程：《中兴通讯出口管制案的合规分析》，《新产经》2019 年第 4 期。
　　③ 国务院国有资产监督管理委员会：《关于印发〈中央企业合规管理指引（试行）〉的通知》，国资发法规〔2018〕106 号。

2018 年 12 月, 国家发展改革委等七部门紧接着共同发布《企业境外经营合规管理指引》, 有力地推动有境外业务的企业持续加强合规管理。[①] 2018 年被称为"合规元年"[②], 从此企业合规管理成为国家推动而不仅仅是企业主动实施的措施。这种变化对于政府监管和企业管理影响深远, 合规型监管可能会成为一种新型的政府监管模式。

企业"是否"需要合规, 答案不言自明。企业"如何"合规, 却没有一成不变的答案。企业合规, 是指企业主动建立体系化的制度去管理职工和第三方的行为, 使企业的所有职工(包括普通职工和管理者)能够遵守法律法规、企业内部规章制度和道德规范。合规是企业积极主动控制包括法律风险在内的合规风险的措施。对此, 法律上的一个关键问题, 是企业管理者是否有合规管理的法律义务?

提出上述问题的主要原因在于, 几乎所有的合规管理方面的研究和文本, 都把企业管理者的重视即"领导重视"[③] 视为有效

---

① 国家发展改革委:《关于印发〈企业境外经营合规管理指引〉的通知》, 发改外资〔2018〕1916 号。

② 参见刘晓春、夏杰:《数据合规元年的数据立法趋势》,《中国对外贸易》2019 年第 2 期。

③ "领导重视"("Tone from the Top")也被称为"高层的声音", 主要是指最高管理者的重视某项工作, 该术语在合规管理文献中被使用的比较多。与此相近的词语还有"中层领导重视"("Tone from the Middle"), 强调中层领导者或员工的直接领导对某项工作的重视程度。

合规管理的必备要素。[1] 企业管理者不重视合规建设，甚至鼓励职工违规经营，结果只能是给公司造成巨大的损失。这样的企业不可能有可持续发展的能力。如果企业管理者在法律上有合规管理的义务，将责任落实到管理者个人，[2] 将会激励管理者进行有效的合规管理，预防和控制违规行为对企业造成的损害，将有助于企业长期可持续地发展。本文以我国《公司法》中"公司"这种典型的企业类型为例，论证公司董事的合规管理义务，认为依据现有的法律规定，可以明确公司董事在法律上间接的合规管理义务，能够激励公司管理者制定合规管理制度、采取合规措施可以有效地预防违规给公司造成损失。公司之外的诸如合伙企业、个人独资企业等企业类型，不是本文的研究对象，但是，公司董事作为企业管理者承担的合规管理义务具有示范意义。必要时，公司法上董事的合规管理义务可以"整体类推"[3] 适用于其他的企业类型。[4]

笔者首先论述有效合规管理和"领导重视"的意义，然后详细分析作为企业管理者的公司董事在我国公司法上的合规管理

---

[1]　参见周万里：《有效合规管理的十大要素》，《新产经》2018 年第 10 期；周万里：《企业合规基础》，载华东师范大学企业合规研究中心主编：《企业合规讲义》，中国法制出版年 2018 年版，第 1—23 页。

[2]　有学者以实施和不实施企业合规为标准，分别施以奖励或惩罚，参见万方：《企业合规刑事化的发展及启示》，载《中国刑事法杂志》2019 年第 2 期。

[3]　整体类推是类推适用的一种方式，详见［奥］恩斯特·A. 克莱默：《法律方法论》，周万里译，法律出版社 2019 年版，第 174—176 页。

[4]　参见李本灿：《刑事合规理念的国内法表达》，《法律科学》2018 年第 6 期。

义务，并且以该义务在境外发达国家的发展情况作为呼应，由此得出公司董事有合规管理义务的结论。

第一节　有效合规管理与"领导重视"的要素

一、合规管理的重要性

（一）预防违规造成的损失

企业违规经营，对企业会造成很多不利的后果，主要是因为企业承担法律责任导致的经济损失及企业声誉受损。[①] 在极端情况下，企业违规导致的法律责任还会使企业破产，迫使其退出市场。企业违规导致的民事责任，主要是损害赔偿和合同无效两个方面。这两个方面与企业的商业利益最为相关。另外，企业违规发生后，对企业来说最常见的行政处罚方式是行政罚款，其他的处罚有没收违法所得、责令停产停业。在违规严重的情况下，企业还会被吊销营业执照。最后，按照我国的刑法规定，企业也可以成为犯罪主体，承担刑事责任（即"刑事合规"）。尤其是对

---

① 参见胡国辉：《企业合规概论》，电子工业出版社 2017 年版，第 13—14 页；周万里：《企业合规基础》，载华东师范大学企业合规研究中心主编：《企业合规讲义》，中国法制出版社 2018 年版，第 4—7 页。

于民营企业，一旦企业家因为经济犯罪被追究刑事责任，企业将会遭受毁灭性的打击。除了因承担法律责任导致的损失，腐败、环保、劳工和税务方面的违规问题会使企业声誉受到损失，使包括商业伙伴、消费者等在内的利益相关者因此对企业的文化产生质疑，间接地增加企业运营和交易的成本。

为了避免上述不利后果的发生，企业会积极主动地采取系统化的措施，预防和处理企业的违规行为，包括管理企业职工和管理商业伙伴的行为。系统化的合规管理，即企业的"合规管理体系"，包括了合规文化、合规目标、合规组织、合规项目等关键性的构成要素。合规管理的诸要素相互作用，产生有效的合规管理状态。

企业合规成为跨国或全球企业从事经营活动的竞争力之一，也成为很多国家和国际组织关注的公共政策之一。比如国际标准化组织在 2014 年专门制定了《合规管理体系指南》，处理"组织的环境""领导""规划"和"支持"等十个与合规管理相关的主要问题。2017 年，我国的标准化研究院在该标准的基础上，制定了《合规管理体系指南》。

（二）合规创造价值

企业合规管理的水平反映了企业的竞争力如何。① 合规管理

---

① 参见参见胡国辉：《企业合规概论》，电子工业出版社 2017 年版，第 14—20 页。

的效率越高，给企业创造的价值就越大。理由有两个。其一，企业通过有效的合规管理，能够预防和处理违规行为，避免了合规风险的成就和可能的损失。在该意义上，合规间接地创造了价值。

其二，合规需要资源的投入，企业在资源稀缺的情况下，如何有效地配置资源到合规管理体系的建设中，是经济学和管理学的问题。从经济学的观点来看，"只有当合规的最后一份投入成本等于可能减少的违规损失是，才最有效率。"① 从合规"激励理论"的角度来看，合规管理要解决"激励的协调性"问题，如何设计合规激励和惩罚制度，每个企业需要根据企业规模大小、发展阶段、所处行业等决定具体的合规制度。谁在合规资源配置和合规激励方面做到最优化的安排，便能够给企业创造出更多的价值。

二、"领导重视"的要素

（一）"领导重视"的必要性

国内外几乎所有"合规管理标准"或"合规管理指引"之类的官方或民间文本均明确企业管理者的重视，简称"领导重

---

① 周万里：《企业合规基础》，载华东师范大学企业合规研究中心主编：《企业合规讲义》，中国法制出版社 2018 年版，第 10—11 页。

视"，是有效合规管理的必备要素之一。① 领导重视之所以是有
效合规的关键要素之一，首先是因为合规的本质是企业管理，是
管理者的任务之一。没有管理者的合规管理，只能是"假合
规"。其次，有效和可持续的合规的前提是企业有合规文化，而
合规文化的推动者和示范者是企业的管理者。② 企业最高管理者
对合规的言行态度、对合规管理的资源投入及对违规行为的处
理，决定了企业合规的有效性如何。③

（二）"领导重视"在合规规范性文件中的体现

我国标准化管理委员会 2017 年制定的《合规管理体系指
南》明确规定，最高管理者通过多种方式证明其对合规管理体
系的领导作用和承诺。比如最高管理者需要确定和坚持组织的核
心价值观，以及宜建立合规政策。④ 国务院国资委《中央企业合
规管理指引（试行）》第 4 条第 2 款规定，"把加强合规管理作为
企业主要负责人履行推进法治建设第一责任人职责的重要
内容。"

---

① 参见周万里：《有效合规管理的十大要素》，《新产经》2018 年第 10 期。
② 参见胡国辉：《企业合规概论》，电子工业出版社 2017 年版，第 149—150 页。
③ 周万里：《企业合规基础》，载华东师范大学企业合规研究中心主编：《企业合规
讲义》，中国法制出版社 2018 年版，第 12 页；Geoffrey P. Miller, *The law of governance*, *risk
management*, *and compliance*, Wolters Kluwer, 2016, 197 - 198；Andrew Walker：Why
Shouldn't We Protect Internal Whistleblowers? Exploring Justifications for The Asadi decision, *New
York University Law Review*, 90, 1781.
④ 参见中国标准化管理委员会：《合规管理体系指南》，第 4.1 和第 4.2.1 节。

1987 年，美国联邦量刑委员会制定了《联邦量刑指南手册》，供法院在量刑时参考使用。该手册要求公司高层人员必须确保公司有"有效的合规和道德体系"，并且公司高层中必须有人专门负责合规。① 手册的一个创新点是明确"合规体系"，也被称为"合规计划"，是检察官决定是否对涉案企业起诉的重要依据，也是法官对犯罪企业进行量刑时的参考因素。②

2010 的英国《反贿赂法》第 7 条规定了"商业组织预防贿赂失职罪"，其中的一个关键的犯罪构成要件是"企业没有采取足够的程序预防行贿行为"。这直接地要求企业及其管理者有法律上的义务采取合规措施预防企业的行贿行为。英国司法部为此出台的《2010 年英国反贿赂法指南》相应地明确商业组织的高层应当承诺预防员工产生腐败行为，并且推动公司中形成腐败零容忍的文化。③

在瑞士经济协会 2014 年发布的《有效合规管理的原则》中，第一个有效合规管理要素即为企业高层的重视。具体而言，第一个原则是"积极声明、董事会及管理层的责任，构成有效合规管理的顶层设计"。按照该原则，公司的最高层应当认可全

---

① 参见陈瑞华：《美国〈反海外腐败法〉与刑事合规问题》，《中国律师》2019 年第 2 期。

② 参见陈瑞华：《美国〈反海外腐败法〉与刑事合规问题》，《中国律师》2019 年第 2 期。

③ Ministry of Justice, Principle 2, Top-level Commitment, Ministry of Justice, The Bribery Act 2010, Guidance。同样参见印波、高远：《英国企业预防行贿失职罪的充分程序抗辩》，《河北经贸大学学报》2015 年第 6 期。

方面的诚实信用原则，尤其是要遵守法律及企业的内部管理制度。同时。企业高层把诚实信用作为企业文化的核心组成部分以及企业经营活动更上位的原则。

此外，一些国际组织也制定了非常有影响力的企业合规管理指南和标准。比如经济合作与发展组织 2010 年发布的《内控、道德与合规最佳行为指南》规定，公司高级管理人员有力、明确并且看得见地支持公司内控、道德和合规体系建设。国际标准化组织 2014 年发布的《合规管理体系指南》明确要求，组织管理机构和管理者展示和承诺进行合规管理体系建设。

在具有重要影响的关于企业合规管理的规范性文件中，涉及"领导重视"在有效合规管理中的重要作用的总结，见下表。

国家	颁布机构	文件名称	具体规定
中国	标准化管理委员会	《合规管理体系指南》，2017 年	第 4.1 节："治理机构和最高管理者宜通过以下方式证明其对合规管理体系的领导作用和承诺： a）确立和坚持组织的核心价值观； b）确保建立组织的合规方针和合规目标，并与该组织的价值观、目标和展览方向保持一致； ……。"
中国	国务院国资委	《中央企业合规管理指引（试行)》，2018 年	第 4 条第 2 款："把加强合规管理作为企业主要负责人履行推进法治建设第一责任人职责的重要内容。"
中国	国家发展改革委等七部门	《企业境外经营合规管理指引》，2018 年	第 10 条第（一）项："企业的决策层应以保证企业合规经营为目的，通过原则性顶层设计，解决合规管理工作中的权力配置问题。" 第 29 条："……企业决策层和高级管理层应确立企业合规理念，注重身体力行。……"

国家	颁布机构	文件名称	具体规定
美国	司法部 证券交易委员会	《反海外腐败法信息指引》①，2012 年	"高级管理人员的反腐败承诺以及明显的反腐败政策"："在一个商业组织内部，合规开始于董事会和高级管理人员如何为公司设定适当的基调。经理和员工会根据公司领导者的提示而采取行动。因此，司法部和证交会会考虑公司领导者对营造'合规文化'的承诺并检验这种高级别的承诺是否在中层经理及公司各层级员工处得以加强和实施。"
美国	司法部	《企业合规计划评估》②，2019 年	在"高级和中层领导的承诺"部分，该文件明确"有效的合规管理计划需要企业领导者就落实合规文化作出高层的承诺。"（第 9 页）
美国	量刑委员会	《联邦量刑指引手册》③，2016 年 9 月	§8 B 2.1，第（b）款第（2）项的（A）和（B），即《量刑指引手册》第 534 页
英国	司法部	《反贿赂法指引》，2011 年	该指引第 23 和 24 页规定商业组织合规管理的第二个原则：高层承诺
澳大利亚	澳大利亚标准化组织	《合规体系的标准》④，2006 年	该标准第 2.1 节"承诺"中的第一个原则即为"企业管理机关和高级管理者承诺渗透在整个组织的有效合规"
德国	德国莱茵 TÜV 集团	《合规管理体系标准》⑤，2011 年	该标准第 10 页和第 11 页规定组织领导必须引入、保持和完善合规管理体系

---

① US DoJ, *A Resource Guide to the U. S. Foreign Corrupt Practices Act*, p.59.

② US DoJ, *Evaluation of Corporate Compliance Programs*, 2021 年 5 月 26 日，见 https://www. justice. gov/criminal-fraud/page/file/937501/download。

③ The U. S. Sentencing Commission, *The 2018 Guidelines Manual*, 2021 年 5 月 26 日，见 https://www. ussc. gov/guidelines/2018-guidelines-manual。

④ Standards Australia, *Australian Standard on Compliance Programs* (AS 3806-2006).

⑤ 德国莱茵 TÜV：《合规管理体系标准》，2021 年 5 月 26 日，见 https://www. tuv. com/content-media-files/germany/bs-systems/pdfs/1214-tuv-rheinland-compliance-management-certification/tuv-rheinland-der-compliance-standard-de. pdf。

国家	颁布机构	文件名称	具体规定
德国	德国审计师协会（IDW）	《审查标准980》①，2011年	在该标准 A14 节的"合规文化"部分，明确管理者的行为、领导风格等因素决定了合规文化程度
瑞士	瑞士经济协会（economiesuisse）	《有效合规管理的原则》②，2014年	第 6 页的第一个原则"积极声明、董事会及管理层的责任构成有效合规管理的顶层设计"。按照该原则，企业最高层认可诚实信用作为企业文化的核心组成部分。诚实信用的关键是遵守法律和企业内部的规章制度

第二节 董事合规管理义务的依据

在法律的语境下，合规管理义务是指企业管理者有采取措施预防和制止企业违规的法律义务。合规管理义务主体是企业管理者，合规管理义务的内容是企业管理者采取合规措施预防和制止企业违规行为。

对《公司法》上具有管理职能的董事会和董事而言，如果董事有合规管理义务，将有助于促进实现本文第一部分论述的"领导重视"的要素。基于以下四个方面的理由，公司董事有合

---

① Institut der Wirtschaftsprüfer, *IDW Prüfungsstandard*（*IDW PS* 980）.

② Economiesuisse, *Grundzüge eines wirksamen Compliance-Managements*（2014）.

规管理的法律义务。论证的方法包括两方面，第一是"教义学的论证"，即以现行有效的法律规定为依据论证得出公司董事的合规管理义务。第二是"比较法的视角"，即从域外典型发达国家相应制度和司法实践的发展作为回应，论证公司董事的合规管理义务的共同规律。

一、公司守法义务的要求

（一）现行法教义学

公司有守法义务，应当确保公司合法经营。依据《公司法》第5条，公司从事经营活动，必须遵守法律、行政法规，遵守社会公德、商业道德，诚实守信，接受政府和社会公众的监督，承担社会责任。该规定是法律对公司从事市场经营活动的基本要求。在法治国家，公司守法，就如同公民守法一样，是理所当然的事情。公司依法享有财产权、缔约自由权和经营自主权，应当在法律框架内从事经营活动。企业如果违反法律法规、违背社会公德和商业道德，企业也应当承担相应的法律责任。

公司董事会和董事应当将外部的各项强制性要求转化为公司内部的制度，要求公司职工遵守该要求。公司作为法人，是拟制的实体，其行为通过职工的职务行为来体现。因此，职工在实施职务行为的过程中产生的权利和义务，都由其所在的公司承担。同理，公司职工职务行为中的违法行为，也代表着公司的行为，由公司承担相应的违规责任。在该意义上，公司的守法义务就转化为职工的守法义务。公司董事作为公司的管理者甚至是公司的法定代表人，有责任确保公司职工在履行公司职务时从事合法的行为。公司职工采购、生产和销售的行为，均属于公司的商业行为，而因为这些商业行为产生的商业贿赂、产品责任、反垄断、反不正当竞争、消费者保护、劳工、知识产权和税务等违法违规问题，都是公司管理者要应对处理的合规管理问题。

与此相关的典型规定是《反不正当竞争法》第 7 条。该条明确规定经营者的工作人员的商业贿赂行为是经营者的行为，除非"经营者有证据证明该工作人员的行为与为经营者谋取交易机会或者竞争优势无关的除外"。该条不仅明确了公司守法的义务，同时还激励企业采取有效的合规管理措施，明确哪些行为"与经营者谋取交易机会或者竞争优势无关"。

（二）比较法视角

1. 德国

在德国法中，公司经营的"合法原则"是公司董事会和董事合规管理义务的一个依据。根据德国《股份法》第 76 条第 1 款和第 93 条第 1 款的规定，股份公司的董事有合法管理的义务。[①] 作为一种法定的义务，公司的章程、董事会和监事会的决

---

① 对于有限责任公司的管理者，也有同样的"合法义务"，参见 Christoph H. Seibt, in Schmidt, K. /Lutter, *AktG*, 3. Aufl. 2015, § 76 AktG, Rn. 10。

议都不能废除或限制合法管理义务。[①] 具体而言，合法管理义务分为两个层次。其一，公司董事不仅要确保自己行为合法，即"合法义务"。其二，公司董事要确保公司下属的行为合法，即"合法控制义务"。由此衍生出公司董事的合规管理义务。[②] "合法义务"也被称为"横向监督"，即董事会有共同的责任确保公司合法合规经营，而"合法控制义务"也被称为"纵向控制"，即监督、引导和控制公司的下属员工的行为合法合规。[③] 德国联邦最高法院在1994年一个裁判中就已经明确了公司董事的合法控制义务。[④] 在2013年"西门子—鲁伯格案"中，法院认为"遵守合法原则及相应地建立有效的合规体系，属于董事会的共同责任"。

2. 瑞士

瑞士的法律明确规定公司有守法的义务，公司的董事会和经理相应地有义务确保公司履行该义务。瑞士是民商合一的国家，有关股份公司和有限责任公司的规则集中规定在《债法》中。对于股份公司，该法明确规定董事会对诸多事项有不可转让和不

---

① Hildegard Ziemons, in: Ziemons/Binnewies, *Handbuch Aktiengesellschaft*, 81. Lieferung 11. 2018, Der Vorstand.

② Matthias Merkelbach, Anja Herb, Compliance-Verantwortung im Unternehmen: Möglichkeiten und Grenzen der Delegation. *Der Konzern*, Nr. 10/2016, 425; Jürgen Bürkle, Corporate Compliance-Pflicht oder Kür für den Vorstand der AG? *BB*2005, 570.

③ 德国联邦最高法院对此有相应的裁判，参见 BGH NJW 2013, 1958, NZG 2015, 792。

④ 参见 BGHZ 127, 336, 347。

可剥夺的职权，其中包括"严密监督负责管理的人员，尤其应确保其遵守法律、公司章程、规则和给予的指令。"① 对于有限责任公司，该法明确规定公司经理有同样的职权。②

在法律实践中，联邦法院作为瑞士的最高法院，在很早的时候就已经在法院裁判中明确了公司最高管理机关对公司的违法行为承担责任，只要他们具有"保障人的地位"。在一系列的判决中，联邦法院明确了有效合规措施的要素，比如"高层重视"的基本原则、与经营活动和风险情况相匹配的内部控制③、明确的行为指示④、足够的信息管理以及专有技术的文档管理⑤。

二、董事勤勉义务的要求

（一）现行法教义学

基于公司董事的勤勉义务，董事应当建立有效的合规管理体系。《公司法》第147条规定，董事等公司高级职员应当遵守法律、行政法规和公司章程，对公司负有忠实义务和勤勉义务。具体而言，董事的勤勉义务是董事"为了公司利益，依其专业技

---

① 参见瑞士《债法》，第716a条第1款第5项。
② 参见瑞士《瑞士债法》，第810条第2款第4项。
③ 参见瑞士联邦法院判决 BGE 122 IV 103 和 BGE 125 IV 9。
④ 参见瑞士联邦法院判决 BGE 96 IV 155 和 BGE 125 IV。
⑤ 参见瑞士联邦法院判决 BGE 125 IV 9。

能和专业判断,合理、谨慎处理公司事务"。^① 按照委托代理理论,公司管理者作为专业的商业管理人员,接受股东委托,管理公司的事务,作为受托人应当合理、谨慎地处理所委托事务,以维护委托人的利益。由于委托人和被委托人之间存在信息不对称的问题,作为受托人的公司管理者往往会单方面地追求自己的利益,实施不利于委托人(即公司)利益的行为。如果受托人懈怠于委托事务,没有尽到应尽的管理企业的职责,属于违反勤勉义务的行为。

合规管理与勤勉义务的联系最为紧密。有效的合规管理,是合理、谨慎地处理公司事务的体现,是一种尽职工作的表现。公司发生违规事件,最直接的问题就是该违规事件的发生是否在一定程度上是因为公司董事的失职造成?公司董事是否为此尽到了勤勉管理的义务?如果公司董事违反了《公司法》第147条意义上的勤勉义务,同时违规也给公司造成损失,接下来的问题是公司的监事会、监事或股东可否根据《公司法》第149条要求失职的董事承担赔偿责任?

在认定公司管理者是否违背勤勉义务时,我国公司法并没有明确具体的审查标准,司法实践中法院使用的审查标准也不同。^② 学

---

① 北京市第三中级人民法院:刘述祥与恩乐曼热量表(北京)有限公司损害公司利益责任纠纷二审民事判决书,(2018)京03民终6464号。

② 参见王军:《中国公司法》,高等教育出版社2015年版,第352—353页;施天涛:《商法学》,法律出版社2018年版,第197页。

理上，多参考美国判例法发展出的"商业判断规则"决定公司董事是否尽到了勤勉义务。[①] 该规则的要点是：（1）涉及的商业决策没有利益冲突的问题；（2）基于适当的信息做出了商业决策；（3）董事相信其商业决策符合公司的最佳利益。[②] 董事的行为满足商业判断规则的这些要点，就表示他没有违背勤勉义务。

合规义务的范围有多大，没有标准的答案。上述的商业判断规则是确定企业管理者是否履行合规义务及其范围的基本规则。该规则虽然起源于美国，却具有强大的生命力，在欧盟、德国、法国、英国、意大利的立法或司法实践中都得到了认可。[③] 按照该规则，合规风险应当与合规措施成比例。企业在分析合规风险时，考虑的因素包括企业的经营业务、所在行业、规模大小、员工人数、内部组织、监督的可能性、以往的违规行为、适用的法律。在具体案件中，客观地为各个因素设定权重，综合考虑这些因素，得出合规风险大小，然后比较合规措施与该合规风险是否匹配（即"比例原则"）。[④] 资深的合规官胡国辉先生在其专著

---

① 参见王军：《中国公司法》，高等教育出版社 2015 年版，第 353—354 页；施天涛：《商法学》，法律出版社 2018 年版，第 198 页；朱锦清：《公司法学》，清华大学出版社 2017 年版，第 62 页；叶金强：《董事违反勤勉义务判断标准的具体化》，《比较法研究》，2018 年第 6 期；Geoffrey P. Miller, *The Law of Governance, Risk Management, and Compliance*, Wolters Kluwer, 2016, 55。

② 参见施天涛：《商法学》，法律出版社 2018 年版，第 198 页。

③ 参见［德］斯蒂芬·格伦德曼：《欧盟公司法》（上），周万里主译，法律出版社 2018 年版，第 243—244 页。

④ 参见周万里：《企业合规基础》，载华东师范大学企业合规研究中心主编：《企业合规讲义》，中国法制出版社 2018 年版，第 10 页。

《企业合规概论》中对合规管理的领导责任进行了经常的论述，"如果该企业已经建立其被证实有效运行的合规管理体系，当发生管理层人员没有直接责任的合规危机时，该管理层人员可以拿出客观的证据证明自己已经履行了合规管理的义务，而违规的发生是管理层人员通常力不能及的，所以不应当承担领导责任。"① 该观点精辟地提炼出"合规判断规则"。合规是有益的，但合规并不能保证百分之百的合规，没有违规事件的发生。因此，有违规事件，并不代表公司领导就没有做好合规管理、没有尽到合规勤勉的义务。

另外，"这不意味着合规可以在任何时候都能够成为管理层人员的挡箭牌，因为抗辩能否被接受的关键还在于合规管理体系是否被认定为完善且有效运行"。审查公司董事是否履行了合规管理义务的标准，可能最终会落实到基于"合规管理体系标准化"或"合规管理有效性"的审查和评估，比如国际标准化委员会制定的《ISO19600：2014 合规管理体系指南》《ISO37001：2016 反贿赂管理体系——要求和使用指南》及我国标准化研究院制定的《合规管理体系指南》，或美国司法部制定的《企业合规计划评估》或美国量刑委员会制定的《联邦量刑指南手册》，都是具有国际影响力的可以作为"合规管理有效性"评估的参照标准。

从最新的发展趋势来看，董事承担合规管理职责已经被明

---

① 胡国辉：《企业合规概念》，电子工业出版社 2017 年出版，第 153 页。

确。尤其是国务院国资委的 2018 年《中央企业合规管理指引（试行）》作为针对中央国有企业的规范性文件，首次明确了公司董事的合规管理义务。具体而言，指引的第 5 条规定，董事会主要的合规管理职责包括：（1）批准企业合规管理战略规划、基本制度和年度报告；（2）推动完善合规管理体系；（3）决定合规管理负责人的任免；（4）决定合规管理牵头部门的设置和职能；（5）研究决定合规管理有关重大事项。[①] 这些职责与《公司法》第 64 条规定的公司董事会的职权一致。该指引第 6 条规定监事会有对合规管理的监督等职责，与《公司法》第 53 条规定的监事会职权一致。值得提出的是，法律适用者可以通过"整体类推"[②] 的方式，将《公司法》第 147 条中勤勉义务下的"合规管理义务"类推适用到其他类型的企业。

（二）比较法视角

1. 美国

美国在董事的勤勉义务和合规管理义务方面，走在世界的前列。[③]

---

① 国务院国资委：《中央企业合规管理指引（试行）》(2018 年)，第 5 条。

② 整体类推是类推适用的一种方式，是将一整套的制度中体现的原则和规则，类推适用于法律没有调整的事实，详见［奥］恩斯特·A. 克莱默：《法律方法论》，周万里译，法律出版社 2019 年版，第 174—176 页。

③ Jeffrey D. Bauman, Russell B. Stevenson, Jr., Robert J. Rhee, *Business Organizations Law and Policy*: *Materials and Problems*, 9th. Edition, 2017, 781; Stephan Harbarth, Micha Brechtel, "Rechtliche Anforderungen an eine pflichtgemäße Compliance-Organisation im Wandel der Zeit", *ZIP* 2016, 241（242 f.）; Holger Fleischer, "Vorstandsverantwortlichkeit und Fehlverhalten von Unternehmensangehörigen – Von der Einzelüberwachung zur Errichtung einer Compliance-Organisation", *AG* 2003, 291（297）.

对于上市公司，安然事件过后，美国政府认识到高层领导不重视企业合规建设可能会导致严重的和大规模的财务丑闻，侵害投资者的利益，所以，美国国会于2002年颁布《萨班斯—奥克斯利法案》，提高和改善公司财务报告的可信性和正确性，以保护投资者的利益。该法规定了公司治理、内部控制和风险管理方面的措施，将合规管理规定为企业管理者的一项法定义务。[1] 按照《萨班斯—奥克斯利法案》第404条的规定，美国证券交易委员制定规则要求上市公司的首席执行官和首席财务官必须指出公司管理者在出具财务报告时设立了适当的内部控制体系和遵守相关的要求，这类公司年度财务报告应当包括内部控制体系的报告。在公司财务报告中，财务报告审计师还应当对企业是否实施有效的控制体系进行说明。[2] 事实上，美国证券交易委员会要求上市公司披露是否建立了合规和道德管理体系。另外，美国的《联邦量刑指南手册》明确规定董事和高管有合规管理的责任，应当知悉公司的合规管理计划，对合规计划的有效性有监督的义务。[3]

对于一般性的包括上市公司的企业，董事的合规管理义务是董事的勤勉义务的要求。该义务主要美国的州立法规定，比如美国特拉华州公司法、纽约州公司法和《美国标准公司法》明确

---

① 参见万方：《企业合规刑事化的发展及启示》，《中国刑事法杂志》2019年第2期。

② 参见周万里：《企业合规基础》，载华东师范大学企业合规研究中心主编：《企业合规讲义》，中国法制出版社2018年版，第17页；万方：《企业合规刑事化的发展及启示》，《中国刑事法杂志》2019年第2期。

③ 万方：《企业合规刑事化的发展及启示》，《中国刑事法杂志》2019年第2期。

规定了董事的勤勉义务。[1] 司法史上最为著名的关于公司董事会的勤勉义务和合规管理义务的案件是 Caremark 案。[2] 该案发生在 1996 年，而在之前法院一般否定公司董事对公司员工违法导致公司损失承担赔偿责任的诉讼请求，引用较多的案件是 1963 年的 Graham 案。[3] 而在 Caremark 案中，法官 Allen 肯定了公司董事因没有尽到勤勉义务也即监督义务，导致公司违法给公司带来损失的，公司股东可以提起诉讼请求公司董事承担损害赔偿责任。在该案中，Caremark 公司的股东在特拉华州衡平法院提起股东派生诉讼，指责公司董事因为没有实施足够的内控措施，导致了公司赔偿民事损失、支付刑事罚金，共计约 2 亿 5 千万美元的民事和刑事赔偿，董事因此被指责违背董事勤勉义务（或监督义务）。本案的焦点是"公司董事对于公司违规是否以及承担什么样的责任？"主审该案的 Allen 法官认为没有证据证明董事知道公司有违法行为，并且公司在监督方面也没有出现系统性的错误。不过本案最终以原被告双方和解而结束，主审法院批准了和解书，并且认为具备以下三个条件，董事可能违反必要的注意义务：（1）如果董事知道或应当知道公司员工违法；（2）没有足够善意地预防违法行为；（3）没有采取措施是导致损失的主要原因。法院肯定

---

① Del. Code Ann. Tit. 8，§ 141（1）；N. Y. Bus. Corp. § 701；Model Bus. Corp. Act § 8.01（b）.

② See *In re Caremark International Inc. Derivative Litigation*，698 A. 2d 959（Del. Ch. 1996）.

③ See *Graham v. Allis-Chalmers Manufacturing Company*，188 A. 2d 125（1963）.

了在公司法上，公司董事有义务建立适当的合规管理体系。①

2. 德国

基于德国《股份法》和《反秩序法》（OWiG）的原则和规定，公司董事有合规管理的义务。"合规是企业管理者的任务"或"合规是领导的大事情"，②近年来成为在德国法学界的口号。德国法虽然没有明确规定公司管理者或公司董事的合规管理义务，但是和我国公司法的情形相似，可以从现有的关于董事会和董事的勤勉义务的规定，得出公司董事的合规管理义务。德国《有限责任公司法》第43条第1款规定，公司管理者应当按照正直商人的勤勉管理公司。对于股份公司，德国《股份法》第76条第1款明确规定"董事会有管理公司的责任"，包括合规管理。该法第93条第1款规定，"在领导公司的经营活动中，董事应当以谨慎管理者的适当注意，忠实地履行其职责。"企业合规管理因此成为公司的管理者董事的任务。③

---

① Ulrich Bergmoser, Ingo Theusinger, Klaus-Peter Gushurst, BB-Special Compliance 5/2008, 1 (2).

② Martin Schulz, "Compliance-Management im Unternehmen, –Compliance-Strategie als (Dauer -) Aufgabe der Unternehmensleitung", *BB* 2019, 579 - 584; Holger Fleischer, *Handbuch des Vorstandsrechts*, 2006, § 8 Rn. 40; Thomas Lösler, "Zu Rolle und Stellung des Compliance-Beauftragte", *WM* 2007, 676, 679; Uwe H. Schneider, "Compliance als Aufgabe der Unternehmensleitung", *ZIP* 2003, 645, 647; Michael Kort, "Compliance-Pflichten und Haftung von GmbH-Geschäftsführern", *GmbHR* 2013, 566–574.

③ Arbeitskreis Externe und Intern Überwachung der Unternehmung der Schmalenbach-Gesellschaft für Betriebswirtschaft e. V., Compliance: "10 Thesen für die Unternehmenspraxis", *Der Betrieber*, Nr. 27/28, 2010, 1511; Tobias Bürgers, "Compliance in Aktiengesellschaften", *ZHR* 179 (2015) 175.

与我国公司法不同的是，德国《股份法》已经明确了判断公司的管理者是否履行合规管理义务的标准——"商业判断规则"，即该法第 93 条第 1 款第 2 句的规定："股份公司的董事基于适当的信息作出有利于公司福利的决定，就不应当承担责任。"

在勤勉义务的法律框架内，公司董事的合规管理义务的另一个法律依据是《德国反秩序法》的第 130 条。依据该条，在企业经营活动中企业管理者违背监督义务，属于反秩序的行为。对此，企业管理者要承担该法规定的法律责任。同时，依据《反秩序法》第 9 条的规定，公司董事具有监督义务，没有履行监督义务的要承担法律责任。公司董事基于该法第 130 条的规定，需要采取必要的监督措施，属于德国《股份法》第 93 条第 1 款意义上董事的勤勉义务。[1]

在 2013 年"西门子—鲁伯格案"中，法院对公司董事的合规管理义务做出了精辟地阐述。美国证监会在 2007 年披露，西门子在 2001 年 3 月至 2007 年 9 月期间，至少有 4283 个行贿项目，涉及 10 余个国家以及高达 14 亿美元金额。为此，西门子付出高达 16 亿美元的罚金（其中向德国检方前后共支付了约 8 亿美元，向美国司法部等共支付 8 亿美元），创下两国单个公司受罚的历史纪录。贿赂不仅对西门子公司带来了巨大的经济损失，

---

[1]　Holger Fleischer, "Corporate Compliance im aktienrechtlichen Unternehmensverbund", *CCZ* 2008, 2.

同时极大了影响了西门子的声誉。对此，西门子公司总部在德国起诉其首席财务官鲁伯格，请求其承担赔偿责任。慕尼黑第一地方法院在该案中详细阐述了股份公司董事的合规义务，对企业合规体系提出很多的要求。[①] 德国法中股份公司采取董事会集体领导原则，依据该判决，董事应当依法管理和监督公司的经营活动，制止对外国官员或私人行贿的行为。在产生损害的情况下，董事只有在构建了预防损害和控制风险的合规组织的情况下，才算履行了管理公司的义务。这种合规管理义务的范围大小由公司经营活动种类、规模和组织、涉及的法律法规、经营区域范围以及以往的嫌疑案件决定。

三、公司治理的需要

（一）现行法教义学

现代企业法多从"治理"的角度分析和理解企业内部的委托代理问题。公司治理以公司管理者与股东之间的利益冲突为着眼点设计制度，以确保公司管理者以公司和股东的利益为导向管理和监督公司运作。以治理为视角，公司法主要是用来监督和控制公司管理者的行为、减少代理成本和提高公司的运行效率。公

---

① 参见慕尼黑第一地方法院西门子案判决（LG München I, Urteil v. 10. 12. 2013, Az: 5 HKO 1387/10），2013 年 12 月 10 日。该案最终由西门子公司与其当时的首席财务官鲁伯格（Neubürger）和解结案，德国联邦最高法院因此没有做出判决。

司治理是以监管者的视角观察公司，而企业合规则以被监管者（企业）的视角防范和控制企业员工违规，避免违规给企业造成损失。尽管视角不同，企业合规作为企业管理者的任务甚至是义务，经常被视为公司治理的组成部分。

合规管理应当是公司治理的组成部分。公司治理涉及的是公司的管理和监督，目的是促使公司有效率地运行，投资者的利益得以保护以及资本市场得以健康发展。① 我国的《上市公司治理准则》明确董事和董事会都有责任勤勉地管理公司，② 而公司合规管理正是在这个意义上也是对董事勤勉义务的要求。因此，合规管理是公司治理的必要组成部分。以公司良好治理为价值的组织，必然也会重视合规管理建设。

另外，我国《上市公司治理准则》第 8 章明确了上市公司对利益相关者、环境保护和社会承担的责任，而这些正是合规管理的重要组成部分。合规中的"规"涉及的不仅是法律法规和企业的内部规章制度，还涉及道德规则和社会责任。因此，传统的公司法务等职能部门并不能完全地覆盖合规管理的职能，相应地需要合规职能部门③承担该职能。此外，公司治理中非法定义务和企业自愿承担的义务（即承诺），也需要合规职能部门来保障落实。

① 中国证券会：《上市公司治理准则》第 1 条，2018 年 9 月。
② 中国证券会：《上市公司治理准则》第 3 章，2018 年 9 月。
③ 合规职能部门不一定是独立的合规部，根据企业自身的情况和需要，法律部或风险控制部门也可以行使合规管理的职能，仅仅设置合规专员也是行使合规职能的方式。

（二）比较法视角

1. 美国

在美国，有学者甚至认为合规的黎明已经出现，甚至突破或取代主流的公司治理理念，合规的年代到来了。① 美国联邦和州都有公司治理相关的规则，董事会的基本职责一般都包括合规管理职责，具体包括建立和监督有效的体系用来处理和报告公司遵守法律的和道德的义务的信息，并且明确企业的合规文化，实施"领导重视"的合规管理原则。

对于上市公司，纽约证券交易所和纳斯达克交易所的上市公司手册赋予了上市公司董事的合规管理义务。纽约证券交易所的《公司治理指引》明确指出，"在当前的环境下，董事会应当领导重视，培训企业文化，使道德标准、公平交易的原则、专业主义、诚信及完全地与法律要求、道德良好的策略目标的合规具有高的优先性。"② 纽约证券交易所《上市公司手册》的第303A.10 节也有类似的表述："上市公司必须通过和披露适用于董事、管理人员和职工的商业行为和道德手册，及时披露董事或执行管理人员放弃守则的信息。"《纳斯达克上市公司规则》第5610 条规定："每个公司都应该通过适用于所有董事、管理人员

---

① Griffith, Sean J., "Corporate Governance in an Era of Compliance", *William & Mary Law Review*, Vol. 57, No. 6, 2016.

② NYSE, Corporate Governance Guide, iii, 2021 年 5 月 26 日，见 https://www.nyse.com/cgguide。

和职工的可以公开获得的本规则意义上的行为守则必须与2002年的《萨班斯—奥克斯利法案》第406（c）节规定的'道德守则'一致。"

2. 德国

在德国法中，《德国公司治理守则》明确合规是指"董事会应当负责遵守法律规定和公司内部的行为守则，并且促使企业集团遵守之"。[①] 上市公司的董事会"负责采取适当、以企业风险情况为导向的措施（合规管理体系），并且公布其基本架构"。[②]《德国公司治理守则》仅具有建议的性质，但是，依据《德国股份法》第161条的规定，上市公司董事会和监事会应当每年做出报告，对是否遵守该守则进行说明。在没有遵守守则建议的情况下，要对此进行解释。因此，如果上市公司没有合规管理体系（或计划），公司董事会和监事会必须对此进行说明。通过解释为什么没有遵守《公司治理守则》，具有公布相关违规信息效果，增强了公司管理的透明度，从而能够有效地监督公司管理层的活动。[③]

[①] 《德国公司治理守则》（Der Deutsche Corporate Governance Kodex），2017年版，第4.1.3节第1句；郝慧：《股份公司管理机构的合规义务与责任——以中德法律比较为视角》，《中德法学论坛》2016年第13辑。

[②] 《德国公司治理守则》，2017年版，第4.1.3节第2句。

[③] 另外一个例子是如何确定公司董事会成员的薪酬。通过规范公司董事会成员的薪酬，以实现更好的公司治理，法律没有强制地规定具体的数目和计算方法，而是要求公司在会计报表中公布董事会成员的薪酬，由市场对公司管理人员的薪酬进行评价，实现公司治理目标。

四、刑事合规的要求

（一）功能的视角：刑事合规的意义

刑法的目的是预防犯罪。[①] 合规的要点是预防违规行为，刑事合规的要点是预防犯罪行为。基于该认识，很多国家的刑事政策越来越多地重视刑法与合规的结合，往往是通过设定企业的合规管理义务，去激励企业和企业管理者主动采取合规措施预防企业和企业员工犯罪。[②] 在所有的违规行为中，刑事违规对企业的影响最大，一旦刑事法律风险成就，对企业家和企业来说往往是致命性的打击。因此，刑事合规是企业合规的核心和重中之重，而明确公司最高管理者的合规管理义务，是有效地预防企业犯罪的基本要求。

与公司法中公司守法义务和董事勤勉义务不同的是，我国刑法和刑事诉讼法目前还没有关于刑事合规方面的规定，但是基于合规理念的普及和对刑事合规重要性的深入认识，企业的合规管理义务在刑法学界得到了部分学者支持。[③] 企业管理者可以因为合规计划

[①] 参见张明楷：《刑法学》（上），法律出版社 2016 年第 5 版，第 22 页。

[②] 参见李本灿：《合规与刑法》，中国政法大学出版社 2017 年版；李本灿：《刑事合规理念的国内法表达》，《法律科学》2018 年第 6 期；周振杰、赖祎婧：《合规计划有效性的具体判断：以英国 SG 案为例》，《法律适用》2018 年第 14 期。

[③] 参见孙国祥：《刑事合规的理念、机能和中国的构建》，《中国刑事法杂志》2019 年第 2 期；李本灿：《刑事合规理念的国内法表达——以"中兴通讯事件"为切入点》，《法律科学》2018 年第 6 期。

做的不完善导致犯罪行为发生被追究刑事责任,[①] 并且我国需要"确立企业及企业高管构建实施企业合规的刑事义务规则"。[②]

（二）比较法的视角

1. 英国和美国

英国 2010 的《反贿赂法》第 7 条规定的"商业组织预防贿赂失职罪",不仅明确了企业合规失职,而且明确不仅是企业,而且企业的管理者对此有积极的义务采取合规措施预防公司贿赂。美国《联邦量刑指南》在评价合规管理计划的有效性时,明确企业必须有专门的高层人员负责对合规管理行为守则遵守情况进行监督。[③] 对于公司犯罪,只要公司能够证明公司已经建立了有效的合规计划,并且采取必要的合规措施预防和处理犯罪行为,就可以从轻、减轻或被免除刑罚。[④]

2. 德国

在德国,以 2007 年西门子腐败案作为标志,近十年来发生了以下三个对刑事合规认识有重要意义的案件。[⑤] 通过这些案件

---

① 参见孙国祥:《刑事合规的理念、机能和中国的构建》,《中国刑事法杂志》2019 年第 2 期。

② 参见万方:《企业合规刑事化的发展及启示》,《中国刑事法杂志》2019 年第 2 期。

③ 参见万方:《企业合规刑事化的发展及启示》,《中国刑事法杂志》2019 年第 2 期。

④ 参见孙国祥:《刑事合规的理念、机能和中国的构建》,《中国刑事法杂志》2019 年第 2 期;陈瑞华:《美国〈反海外腐败法〉与刑事合规问题》,《中国律师》2019 年第 2 期;万方:《企业合规刑事化的发展及启示》,《中国刑事法杂志》2019 年第 2 期。

⑤ 详见上文第二章第三节关于德国的情况。

得出的一个重要结论是，合规管理是一项义务，有效的合规管理是减去甚至免除处罚的一个考虑因素，这间接地对公司管理者提出了合规管理的义务。

3. 瑞士

瑞士在 2003 年的刑事法改革中，在《刑法典》102 条新增了单位犯罪，突破了瑞士以往没有单位犯罪的法律传统。该条规定，要么因为企业组织的瑕疵导致的犯罪行为不能归责于自然人时，要么是对于特定的犯罪①，企业在组织方面没有采取必要的和合理的预防措施，致使某些犯罪行为时，企业要受到刑事惩罚。据此，企业在经营活动过程中，如果在企业内部缺乏适当的措施预防和制止犯罪行为，除了个人承担刑事责任之外，涉案的企业也要受到刑事处罚，尤其是该条规定单位犯罪的第二种可能性，其实是赋予了企业及其管理者的刑事合规管理义务。

第三节　总　结

"领导重视"是有效合规管理的必备要素，这已经成为国际

---

① 具体是指犯罪集团的犯罪行为（《瑞士刑法典》第 260ter 条）、帮助恐怖活动（《瑞士刑法典》第 260^{quinquies} 条）、洗钱（《瑞士刑法典》第 305bis 条）、对国家公职人员行贿（《瑞士刑法典》第 322ter 条）和对非国家公职人员行贿的情形（《瑞士刑法典》第 322^{octies} 条）。

上的共识，并且体现在我国、美国、英国、澳大利亚、德国、瑞士等国家及国际组织的合规标准文件中。如何确保"领导重视"发挥应有的作用，公司法中的董事合规管理义务能够起到关键性的作用。

公司董事有合规管理的义务，法律依据是《公司法》第147条规定的勤勉义务。合规管理义务的主要内容是，公司董事有义务积极采取措施预防和处理公司员工的违规行为。合规义务的范围大小，取决于企业的经营业务、所在行业、规模大小、员工人数、内部组织、监督的可能性、以往的违规行为、适用的法律等具体情形。对于上市公司，对公司董事的合规义务要求最高。各国的公司治理守则有明确规定合规管理义务的趋势。对于非上市公司，则适用一般性的公司董事勤勉义务的规则，有必要以"商业判断规则"作为审查公司董事是否违背合规管理义务的标准。而对于非公司类型的企业，原则上企业的管理者也有合规管理的义务，不过相应的合规义务范围相对于上市公司而言要小。

合规是企业履行法律义务和社会责任的积极行为，对企业自身、社会和政府都有利，是一个多赢的举动，应当得到法律政策的肯定。明确公司董事的合规管理义务，能够激励他们勤勉、更有效地管理公司，使公司的运行效率更高。正是在该意义上，合规是企业的一个竞争优势。

第八章 合规抗辩

第一节 合规抗辩的概念

合规抗辩是指企业为了获得从轻、减轻或免除政府的处罚，证明自己实施了有效的合规管理措施。简言之，合规抗辩是企业以合规为由所做的抗辩。成功的合规抗辩的结果是从轻、减轻或免除政府的处罚。企业在面临政府行政处罚或刑事追究的时候，有义务配合政府机关澄清事实，往往提出有利于自己的证据和主张，企业比如主张涉嫌行为属于《行政处罚法》中规定的"从轻或减轻处罚的情节"，《刑法》中"行为显著行为，社会危害性不大"的行为。实质上，从这些规定的功能来看，属于抗辩制度。

在企业面临政府调查的时候，调查机关可否基于企业在违法或犯罪时已经建立了有效的合规管理体系，或者企业承诺建立和完善现有的合规管理体系，为此减轻、从轻或处罚？对合规抗辩的研究，就是要回答这个问题。从我国现有的行政法规和刑事诉讼法的规定来说，我国还没有明确认可合规抗辩制度。笔者认为合规抗辩制度应当在涉及市场监管针对企业的行政和刑事法律制度中得到认可，并在行政执法和刑事诉讼中推广。

第二节　现行法中的合规抗辩

一、一般性的合规抗辩

现行法中已经有关于合规抗辩的规定，同时也有合规抗辩的实践。合规抗辩制度多出现经济类的法律法规，所谓的经济法或经济刑法。例如，《反不正当竞争法》第 7 条规定经营者证明员工的行为是个人行为，与取得竞争优势等无关。《反垄断法》规定经营者主动制定整改措施，以减轻违法行为的危害后果，请求依法从轻、减轻处罚的规定。

二、兰州雀巢员工侵犯公民个人信息案及刑事合规抗辩

在兰州雀巢员工侵犯公民个人信息案中，法院认为"雀巢公司禁止员工从事侵犯公民个人信息的违法犯罪行为，各上诉人违反公司管理规定，为提升个人业绩而实施犯罪为个人行为。"[①]雀巢公司的辩护体现了合规抗辩在刑事诉讼中的运用。刑事合规抗辩起到"切割"的作用，划分职务行为和个人行为。员工实施的行为如果是个人行为，单位将不为此承担刑事责任。而单位在在前期给员工的合规培训及制定和宣传公司内部的合规制度，反映了没有单位没有犯罪的故意，因而即使员工从事与工作直接相关的工作，司法机关也没有认定是单位的责任。[②]

三、证券法中的合规抗辩

中国证监会与相对人达成和解协议，使合规抗辩具有合法性。2015 年 2 月 17 日，中国证监会公布和实施《行政和解试点实施办法》，[③] 使中国证监会和涉嫌违反证券期货法律、行政法规和相关监管规定的行政相对人达成和解协议具有合法性。行政相对人进

---

① 兰州市中级人民法院：刑事裁定书（2017）甘 01 刑终 89 号。
② 陈瑞华：《合规无罪抗辩第一案》，《中国律师》2020 年第 5 期。
③ 中国证券监督管理委员会：《行政和解试点实施办法》，2015 年 2 月 17 日。

行与中国证监会达成和解的前提条件是：（1）改正涉嫌违法行为；（2）消除涉嫌违法行为不良后果；（3）交纳行政和解金补偿投资者损失。前两个条件涉及合规抗辩，即行政相对人应当在企业内部的合规建设方面，采取一定的措施，不仅改正现有的涉嫌违法行为，而且要付出努力预防和控制未来可能的违规行为。

在该实施办法实施后，中国证监会的第一个行政和解案在2019 年 4 月做出，和解金额是 1.5 亿元。在该案中，中国证监会并没有对高盛亚洲自营交易员通过在高华证券开立的高盛经纪业务账户进行交易，同时向高华证券自营交易员提供业务指导的行为是否违法进行定性，而是公布了和解协议的内容，其中第二项是："申请人已采取必要措施加强公司的内控管理，并在完成后向中国证监会提交书面整改报告。"① 该项的核心内容是加强内控管理和整改报告。可以说，这项和解协议是行政相对人对合规的承诺，以将来的合规改善来换取目前的和解。

第三节　合规抗辩制度的展开

合规抗辩制度应当得到立法、执法和司法的普遍认可。立法

---

① 中国证券监督管理委员会：中国证券监督管理委员会公告〔2019〕11 号，2019 年4 月 23 日。

机关应当针对经济类的违法行为和犯罪行为，规定企业在建立合规管理体系和实施合规措施对减轻或免除处罚的积极影响。合规抗辩制度应当是普遍性的，并不局限于上述的竞争法和证券法。目前，我国最高人民检察院试点的"企业合规不起诉"制度以及"第三方监督评估机制"在一定程度上也是认可合规抗辩制度。

另外，合规抗辩制度的顺利展开，需要立法机关和执法机关认可企业内部的举报机制和内部调查的重要价值。

最后，企业合规不起诉的关键的单位犯罪、刑及诉讼法尤其是附条件起诉。

第九章　反贿赂合规

第一节　概　述

企业在采购和销售商品或提供服务的过程中，面临着同行竞争的压力。为了在竞争中得到交易相对方的认可和青睐，可能会采取不正当的手段，（商业）贿赂是其中一种非常典型的手段。而反贿赂是合规管理最基本也是最重要的专业合规工作。只要企业从事市场经营活动，就会有贿赂合规风险。而因为贿赂带来的民事、行政和刑事法律风险以及声誉受损的风险，与企业的营业额大小没有关系。无论是大型企业，还是中小型企业，都会面临反商业贿赂的风险。如此看来，无论企业在哪个行业，无论企业的生产规模大小如何，都应当重视商业贿赂的问题。

除了上述企业对企业之间的商业贿赂，在刑法上，企业对企业行贿构成犯罪的，是刑法上的"对非国家工作人员行贿罪"，而企业对国家机关工作人员贿赂构成犯罪的，是刑法上的"行贿罪"。

最后，贿赂是各国面临的社会问题，各国为了解决贿赂问题，出台了相应的规范性文件。比如美国的《反海外腐败法》禁止美国的公司，包括美国公司、在美国上市的公司及直接或通过代理在美国境内发生支付行为的外国企业和人员，在美国境外贿赂当地外国官员。英国在 2011 年颁布的《反贿赂法》则禁止任何与英国有业务往来的公司从事贿赂行为，范围远远超过美国《反海外腐败法》禁止行贿外国的公职人员。这些反贿赂规则具有域外效力，因此加大了与美国和英国等国家有业务往来的企业的反贿赂风险。

第二节　贿赂的危害

市场经济中贿赂对企业和社会造成不利的后果。贿赂也是企业员工违背忠实义务的行为。商品和服务的竞争，靠得主要是价格和质量（即性价比），在动态的竞争中，企业有动力通过不断研发提供商品的性能和新产品。贿赂腐化了这种机制，使没有竞争优势的企业受到交易相对方青睐，而有竞争优势的企业被排除在交易之外。在这种情况下，"优胜劣汰"的市场机制和竞争机制被扭曲，资源得不到有效率的配置，社会福利水平减少。

腐败的本质是作为受托人的个人为了实现自己的私利而滥用委托关系。企业的员工实施职务行为时有对企业的忠实义务。这种忠实义务的基础是企业与员工之间形成的"委托代理关系"。基于一般理解，委托关系中的受托人有对委托人的忠实义务。员工贿赂，即违反了对企业的忠实义务，应当承担劳动法上的损害赔偿等责任。

一般情况下的侵权行为，涉及两方之间的关系，当时人双方的收益和损失如下图所示。

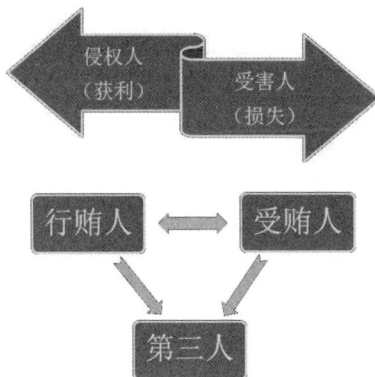

而在贿赂的情况下，涉及到的是两个或多个侵权人，共同损害第三人的利益。其中的一方夫受害方有忠实的业务。贿赂是行贿人人为了获得自己的利益而损害第三人利益的不道德的行为。

第三节　反贿赂合规风险

一、反贿赂制度的架构

我国的反贿赂制度有三个组成部分，即反贿赂的民事制度、反贿赂的政府监管以及反贿赂的刑事责任。

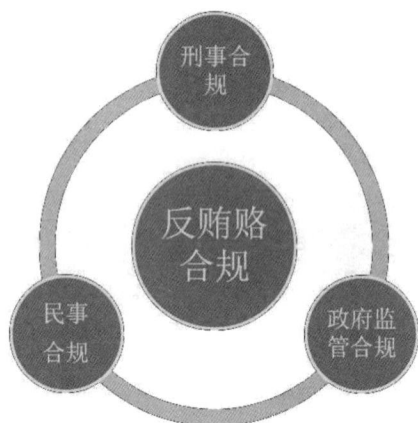

（一）贿赂的民事责任

民事活动中的反贿赂问题主要涉及合同中的"反贿赂条款"和贿赂导致合同无效的问题。企业之间在缔结采购或销售合同的时候，约定双方的职工不采取贿赂的手段采购或销售商品或服务，订立"反贿赂条款"，在商业实践中并不少见。

（二）反贿赂的行政处罚

1. 贿赂的构成要件

《反不正当竞争法》（以下简称"反法"）第 7 条禁止"经营者不得采用财物或者其他手段贿赂下列单位或者个人，以谋取交易机会或者竞争优势"。

贿赂的对象包括以下三类：

"（一）交易相对方的<u>工作人员</u>；

（二）受交易相对方委托办理相关事务的<u>单位或者个人</u>；

（三）利用职权或者影响力影响交易的<u>单位或者个人</u>。"

通过以上的规定，可以看出政府监管下的"商业贿赂"的构成要件如下：

（1）主体是<u>经营者</u>。

经营者，是指从事商品生产、经营或者提供服务的自然人、法人和非法人组织。

（2）行为是采用财物或者其他手段<u>贿赂</u>。

因贿赂得到的好处包括物质的好处和非物质的好处。受贿人得到物质的好处，采取的形式包括经济上和法律上的好处，比如金钱、现金等价物、有价物品和豁免债务。受贿人得到非物质的好处，包括职业、社会和个人的好处，比如提拔、奖励、豁免惩罚或刑事责任追究。提供旅游、娱乐活动、服务机会、便利、优惠条件等，都属于非物质的好处。

（3）目的是<u>谋取交易机会或者竞争优势</u>。

（4）对象是<u>三类人</u>。

（5）本质上具有<u>不正当性</u>。

2. 折扣和佣金的问题

对于市场交易活动中常见的折扣和佣金，《反法》规定经营者原则上可以支付折扣或佣金，不过，支付和接受折扣和佣金的经营者有"<u>如实入账</u>"的义务。没有尽到如实入账的义务，虽然不能就直接认定经营者实施了商业贿赂，但是这属于对企业不利的证据。

3. 职务行为和个人行为

另外，《反法》对经营者的行为和经营者的工作人员的个人行为进行了划分。一般而言，经营者的工作人员的进行贿赂的，被推定为工作人员的职务行为，经营者对此应当负责。经营者在这种情况下有反驳的权利，证明工作人员的贿赂行为属于个人行为，因此经营者对此不承担法律责任。证明的标准是上述构成要件之一："目的是谋取交易机会或者竞争优势。"这种根据职务行为与个人行为来划分法律责任的原则，被称为切割原则。

4. 特别的商业贿赂

除了《反法》第7条对商业贿赂的一般性的规定，还有在专业领域有特别的条款禁止商业贿赂。比如在资产评估、商业银行、证券业、保险业、医药行业、建筑行业、海运等领域有专门的反商业贿赂条款。

（三）反贿赂的刑事责任

二、涉及贿赂合规风险的商业领域

商业贿赂涉及的罪名主要有 8 种，[①] 分别是：

（1）非国家工作人员受贿罪（刑法第 163 条）

该条规定，非国家工作人员受贿罪，是指公司、企业或者其他单位的工作人员利用职务上的便利，索取他人财物或者非法收受他人财物，为他人谋取利益的行。

（2）对非国家工作人员行贿罪（刑法第 164 条）

该条规定，对非国家工作人员行贿罪，是指为谋取不正当利益，给予公司、企业或者其他单位的工作人员以财物的行为。

（3）受贿罪（刑法第 385 条）

国家工作人员利用职务上的便利，索取他人财物的，或者非法收受他人财物，为他人谋取利益的，是受贿罪。

（4）单位受贿罪（刑法第 387 条）

国家机关、国有公司、企业、事业单位、人民团体，索取、非法收受他人财物，为他人谋取利益的行为。

---

① 最高人民法院、最高人民检察院：《关于办理商业贿赂刑事案件适用法律若干问题的意见》（2008 年）。

（5）行贿罪（第389条）

为谋取不正当利益，给予国家工作人员以财物的，是行贿罪。

（6）对单位行贿罪（刑法第391条）

为谋取不正当利益，给予国家机关、国有公司、企业、事业单位、人民团体以财物的，或者在经济往来中，违反国家规定，给予各种名义的回扣、手续费的行为。

（7）介绍贿赂罪（刑法第392条）

向国家工作人员介绍贿赂，情节严重的，构成介绍贿赂罪。

（8）单位行贿罪（刑法第393条）

单位为谋取不正当利益而行贿，或者违反国家规定，给予国家工作人员以回扣、手续费的，是单位行贿罪。

成立上述的罪名，一般需要有构成要件"谋取不正当利益"，它是指"行贿人谋取违反法律、法规、规章或者政策规定的利益，或者要求对方违反法律、法规、规章、政策、行业规范的规定提供帮助或者方便条件。"①

---

① 最高人民法院、最高人民检察院：《关于办理商业贿赂刑事案件适用法律若干问题的意见》（2008年），第9条。

第十章 反垄断合规

反垄断合规是指遵守我国和境外的反垄断法规则。构建反垄断合规体系的目标是预防和阻止企业①违反反垄断法。反贿赂合规和反垄断是合规管理体系的两大重点领域。相对于其他的合规领域，反垄断合规领域的违规成本更高，备受企业关注。无论企业的规模大小如何，只要从事市场经营活动，就会涉及到反垄断法问题。对于大型企业或有跨国业务的企业来说，反垄断合规的意义更大。随着市场经济和自由竞争理念得到越来越多的认可，反垄断合规的地位将会更高。

---

① 《反垄断法》的适用对象是经营者，它"是指从事商品生产、经营或者提供服务的自然人、法人和其他组织"（《反垄断法》第12条第1款）。反垄断法中的经营者是一个功能性的概念，内涵要比企业的广。为了行文方便，本书中的企业与经营者具有同等意思。行业协会是经营者为了维护其共同利益设立的组织，也是反垄断法适用的对象。

第一节　反垄断合规概述

一、反垄断合规的必要性

企业合规有成本，企业自愿投入反垄断合规建设，主要是因为反垄断违规的成本比较高。只要投入合规建设的成本低于可能的反垄断违规成本，合规建设就有效率。一方面，与其他法律领域相比，反垄断法与政治、经济和法律联系更为紧密，法律适用的不确定性因素很多，导致反垄断分析结果的预见性不高（本身违法的垄断行为除外）。尤其是企业在进行横向合作、纵向分销商品、单方面制定和执行价格、地域等商业政策时，对于这些行为的反垄断法评价，需要分析行为的竞争效果，使分析的最终结果不确定性增加。另一方面，企业的经营行为一旦被定性为垄断行为，将会招致天价的行政处罚，并且可能引发后续的反垄断民事诉讼，使企业陷入不利的法律和商业困境。因此就不难理解越是大型或外资企业，越会重视反垄断合规体系的建设。总的来说，反垄断合规是企业实现利润最大化的要求，也是公司治理的组成部分。

二、反垄断风险

反垄断风险是企业违反反垄断法的风险。企业违反反垄断法的，反垄断执法机关可以对企业处以罚款，没收其违法所得。另外，违法行为导致企业缔结的合同无效，并且需要企业赔偿供应商或经销商因此遭受的损失。反垄断处罚和赔偿不仅减少了企业的市场价值，而且损害了企业的声誉。

反垄断风险可能在企业横向和纵向合作中产生，也可能在企业实施单方行为时引发反垄断法的问题。垄断行为发生后，企业如何应对违规行为以缓解反垄断风险和减少损失，也是合规建设的组成部分。企业与他人合作生产、研发、采购和分销商品，以及收购其他企业和设立合资企业，单方面执行商业策略以及应对反垄断机关突击检查等，均是反垄断合规的领域。

（一）合同

企业合作是市场经济中常见的竞争方式，是社会分工的必然结果。企业主要通过合同明确合作的内容，也即他们的权利和义务。合同的商业条款有可能就属于排除、限制竞争的条款，被反垄断法禁止。反垄断法规制的条款包括竞争者之间和非竞争者之间达成的协议。当然，竞争者之间的合同构成垄断协议的风险，要比非竞争者之间的高很多，是反垄断合规的中心。

常见的垄断行为是企业通过协议协调商品价格、数量等方面的竞争因素。另外，企业从事研发、采购、销售、竞标等活动时，以合作的方式从事联合经营的行为也是市场经济的常态。遗憾的是即使这类原则上应当得到鼓励的合作行为也有反垄断风险，主要是因为这类合作行为本身排除了合作企业之间的竞争。

（二）分销

分销是企业将其商品推广到市场的行为，是纵向合作的典型形式。企业由于财力、能力和经验等方面诸多的限制，往往会借助经销商或中间商和销售其商品。供应商和经销商达成的销售商品的协议属于分销协议，即非竞争者之间的协议。典型的分销协议会对诸如商品销售价格、区域、客户、售后服务进行限制，而这些限制有可能会排除、限制相关市场的竞争，产生反垄断风险。

（三）兼并与收购

企业兼并与收购是企业间融合程度更高的合作方式。企业通过兼并与收购的方式取得对另一个企业的控制权、对后者的经营政策施加决定性的影响或拥有指示权。正是因为兼并与收购导致两个或多个企业融为一体、市场上的竞争者数量变少，这对整个市场的竞争可能产生不利的影响，所以反垄断法要求达到一定门

槛的兼并与收购在实施之前必须到商务部申报。商务部不予禁止
交易的，企业才可以执行兼并与收购协议。设立合资企业也同样
如此。企业规划和执行这些交易和投资时，应对合规风险进行
评估。

（四）单方面的商业行为

具有市场支配地位的企业，有能力在不与竞争者联合或无视
交易伙伴的情况下，单方面决定交易条件。在这种情况下，具有
市场支配地位的企业制定的涉及价格、数量、搭售等方面的商业
政策可能会违反反垄断法，产生反垄断合规风险。

三、违规的后果

反垄断风险只是违反反垄断法的可能，如果这种可能成为现
实，企业就会因此承担非常不利的后果。反垄断合规的目的是识
别反垄断风险，预防和应对反垄断违规后果。违规的后果包括法
律和商业的两个方面。法律上的不利后果主要是民事赔偿、返还
财产、合同无效、行政罚款、没收违法所得。商业上的不利后果
主要是损害企业商业信誉和减少企业的市场价值。

（一）罚款

国家市场监管管理总局作为反垄断执法机关对企业违反反垄

断法的行为，可以依据《反垄断法》对企业处以上一年度销售额 1% 至 10% 的罚款。我国《反垄断法》和其他官方文件中并没有明确反垄断合规体系建设是执法机关衡量罚款数额的因素，不过在执法实践中，合规体系建设已经成为行政机关作出处罚的考虑因素。[①] 美国和法国反垄断执法机关处以罚款时考虑合规体系建设的情况是通常的做法。

反垄断执行机关在调查涉嫌企业的过程中，如果企业不能适当地应对和配合调查，也会有处罚甚至加重处罚的不利后果。《反垄断法》第 6 章专门规定了调查机关的职权和被调查企业的权利，第 52 条规定反垄断执法机关有权对阻碍调查的企业处以罚款。因此，企业如何政府机关的反垄断调查，也是反垄断合规的组成部分。

（二）没收违法所得

按照《反垄断法》第 46 条和第 47 条的规定，企业因违反反垄断法有违法所得的，反垄断执法机关可以将其没收。虽然有此规定，实践中很难确定违法所得的数量，因此没收违法所得的案件并不多，国家发改委制定《关于认定经营者垄断行为违法所得和确定罚款的指南》（征求意见稿）的一个目的就是为没收违

[①] 参见美敦力案（2016 年）："调查期间，当事人多次陈述意见，承认其涉案行为违反了《中华人民共和国反垄断法》的规定，主动制定整改措施，以减轻违法行为的危害后果，请求依法从轻、减轻处罚。当事人的整改措施包括：……加强员工反垄断合规体系，完善公司反垄断合规制度。"

法所得提供可操作性的指引。

（三）民事赔偿

《反垄断法》第 50 条明确规定，受到垄断行为损害的自然人或法人有权请求实施垄断行为的企业承担民事赔偿责任。民事赔偿作为补充行政处罚的一种救济措施，在实践中的作用将会更加重要。

（四）合同无效

企业与竞争者签订的合作协议或与供应商或经销商签订的分销合同，都有可能因为违反反垄断法被宣布为（部分或全部）无效，导致企业的商业计划落空。

（五）刑事责任

我国反垄断法中没有规定违反反垄断法的刑事责任。在域外的一些国家——尤其是美国，违反反垄断法可能导致行为人承担刑事责任。随着商品生产和销售的全球化，企业这些国家从事经营活动，相关的反垄断刑事风险也会增加。

（六）企业价值

违反反垄断法会减少企业的价值。违反反垄断法的企业承担行政或民事法律责任后，市场会降低违法企业的价值评估。尤其是对于上市企业，企业违反反垄断法的信息直接导致上市公司股票价格下跌。在企业收购中，收购方会在收购协议中增加"担保条款"，要求出售方承诺出售的企业没有违反反垄断法，以防范企业价值因此减少的风险。在尽职调查的过程中，收购方发现出售方出售的企业有违反反垄断法行为的，出售方企业的价值自然就相应地减少了。

（七）对管理者的不利后果

企业管理者做出决策或实施管理行为，致使企业违反反垄断法，给企业造成损失的，可能成为违反管理者勤勉义务的行为。对此，公司监事会或股东可以代表公司要求其承担赔偿责任；[①]该行为损害股东利益的，股东可以向人民法院提起诉讼请求有责任的董事、高级管理人员赔偿损失。[②]

（八）对职工的不利后果

直接参与或对垄断行为负责的企业员工，会因为违反《劳动法》和《劳动合同法》被要求赔偿、停职、换岗或被辞退。

[①] 《公司法》第 147 条、第 151 条。
[②] 《公司法》第 152 条。

第二节　反垄断法

一、基本情况

反垄断法的主要目的是保护市场自由竞争，促进提高经济效率，让市场繁荣惠及社会。

（一）基本规则

反垄断法的基本法是 2007 年通过的，于 2008 年 8 月 30 日起生效的《反垄断法》。该法是我国第一部专门规制垄断行为的法律，不仅规定了垄断协议、滥用市场支配地位和经营者集中三种世界各国反垄断法普遍规制的垄断行为，还禁止行政垄断，即由行政机关和具有管理公共事务职能的组织实施的排除、限制竞争行为，属于我国反垄断法的一个特色。

除了《反垄断法》中的基本规定，还有反垄断委员会、反垄断执法机关的规定、办法和指南等规范文件，用来落实或细化《反垄断法》的规定，使《反垄断法》的操作性更强，有利于企业评估自己的行为是否符合反垄断法的规定。对于垄断协议、滥用市场支配地位和行政垄断，反垄断执法机关制定了以下详细规定：

- 《禁止垄断协议行为的规定》（国家工商总局 2010 年制定）；
- 《反价格垄断规定》（国家发改委 2010 年制定）；
- 《行业协会价格行为指南》（国家发改委 2017 年制定）；
- 《滥用市场支配地位行为的规定》（国家工商总局 2010 年制定）；
- 《反价格垄断行政执法程序规定》（国家发改委 2010 年制定）；
- 《查处垄断协议、滥用市场支配地位案件程序规定》（国家工商总局 2009 年制定）；
- 《制止滥用行政权力排除、限制竞争行为程序规定》（国家工商总局 2009 年）；

涉及经营者集中的规定有：

- 《经营者集中申报办法》（商务部 2009 年制定）；
- 《关于经营者集中申报的指导意见》（商务部 2014 年制定）；
- 《经营者集中审查办法》（商务部 2009 年制定）；
- 《关于经营者集中申报标准的规定》（国务院 2008 年制定）；
- 《关于经营者集中简易案件适用标准的暂行规定》（商务部 2014 年制定）；
- 《未依法申报经营者集中调查处理暂行办法》（商务部 2011 年制定）；
- 《金融业经营者集中申报营业额计算办法》（商务部会同

中国人民银行、银监会、证监会和保监会 2009 年制定）；

·《关于评估经营者集中竞争影响的暂行规定》（商务部 2011 年制定）；

·《关于实施经营者集中资产或业务剥离的暂行规定》（商务部 2010 年制定）。

涉及行业反垄断的指南的有：

·《关于汽车业的反垄断指南》（反垄断委员会 2019 年制定）

·《关于平台经济领域的反垄断指南》（反垄断委员会 2021 年制定）

涉及反垄断程序法的有：

·《垄断案件经营者承诺指南》（反垄断委员会 2019 年制定）

·《经营者反垄断合规指南》（反垄断委员会 2020 年制定）

国务院反垄断委员会于 2009 年 5 月 24 日公布的《关于相关市场界定的指南》对相关市场界定的概念、目的、作用、依据和操作方法进行详细的阐述，适用于所有垄断行为的分析和认定。

（二）执法机关

我国反垄断执法机关是国家市场监督管理总局。具体由反垄断局负责。反垄断局，拟订反垄断制度措施和指南，组织实施反垄断执法工作，承担指导企业在国外的反垄断应诉工作；组织指导公平竞争审查工作；承担反垄断执法国际合作与交流工作；承办国务院反垄断委员会日常工作。反垄断执法机关可以根据工作需要，授权省、自治区、直辖市人民政府相应的机构负责有关反垄断执法工作。反垄断委员会不是反垄断执法机关，而是组织、协调、指导反垄断工作的机构，其主要职责是研究拟订竞争政策、制定和发布反垄断指南和协调反垄断执法工作。

（三）反垄断分析方法

反垄断分析方法分为形式分析和效果分析两种方法。形式分析方法遵循本身违法原则，直接根据企业的行为认定企业是否违反反垄断法，省去了深入、复杂的分析行为的竞争效果的过程。效果分析方法是分析行为对竞争产生的具体效果的分析方法。在效果分析的框架中，需要使用经济学理论和方法分析和预测特定行为的福利效果——尤其是对消费者福利和社会总福利产生的影响。对于核心卡特尔、固定转售价格的协议等垄断行为，一般使用形式分析的方法。对于滥用市场支配地位的行为，以效果分析为主，形式分析为辅。[①] 对于经营者集中，反垄断法采用的是效果分析方法。

在形式分析的框架中，法律适用者直接根据《反垄断法》第 13 条、第 14 条或第 17 条分析和认定特定行为是否属于垄断行为。理论上，企业可以根据《反垄断法》第 15 条有关垄断协

---

① 以欧盟和德国为代表的反垄断法，对于滥用市场支配地位行为，主要采用形式分析的方法，近十年在欧盟委员会的"更多的经济方法"的方针下，效果分析方法得到更多重视和使用。

议豁免的规定或第 17 条中的"正当理由"进行抗辩，在大多数情况下，形式分析或依据本身违法原则得出的结论不会被推翻。

在效果分析的框架中，分析的步骤如下：（1）界定相关市场，确定相关商品市场和地域市场；（2）确定经营者的市场份额、采购能力、销售能力、交易相对方的转移能力等，以及分析相关市场中的竞争情况和涉案经营者市场力量的大小；（3）比较以下两种情况下的市场竞争状况。第一种情况是没有涉嫌垄断行为的市场竞争情况（假设的情况），另一种情况是现实的市场竞争情况（现实的情况）。如果假设的竞争情况比现实的竞争情况好，涉嫌行为可能具有排除、限制竞争的效果，属于违反反垄断法的行为。

二、横向垄断协议

《反垄断法》禁止垄断协议。垄断协议是指排除、限制竞争的协议、决定或其他协同行为。垄断协议包括横向垄断协议和纵向垄断协议，其中的横向垄断协议是具有竞争关系的经营者达成的垄断协议。

（一）形式

实施垄断行为的主体是经营者。达成横向垄断协议的经营者有竞争关系，可以是现实的，也可以是潜在的竞争关系。经营者具有竞争关系最直接的证据是经营者生产相同或类似的商品。

《反垄断法》第 13 条专门规定了横向垄断协议。垄断协议的形式有协议、决定和协同行为三种。无论企业采取哪种形式，它们都是经营者协调竞争行为的手段。行为的手段和方式不同对垄断协议的定性和处罚无关紧要。协议不仅包括狭义上具有法律约束力的合同，还包括没有法律约束力仅有道德和社会约束力的约定，比如君子协定。达成协议的方式无关紧要，可以是书面的，也可以是口头的。决定则是行业协会作出的协调其成员意思的形式。《反垄断法》第 16 条明确禁止行业协会组织经营者从事垄断行为，包括了行业协会作出的排除、限制竞争的决定。

协同行为是指经营者虽未明确订立书面或达成口头的协议或决定，但实质上存在协调一致的行动和意思联络。① 禁止协同行为的规定是反垄断法中的兜底条款，囊括了不是协议和决定的行为，但是企业确实有意思联络，并且协调竞争的行为。与协同行为不同的是平行行为，即企业自发地在没有与其他企业有意思联络的情形下实施的相同行为。平行行为是因为在特定的市场结构（多数是寡头市场）下，企业独立自主按照利益最大化原则作出相同的决策和实施相同的行为。平行行为导致商品的定价相同或稳定等类似于垄断协议导致的结果，可能被反垄断执法机关怀疑是企业达成和实施垄断协议的结果。为了消除这种对企业

① 参见国家发改委：《反价格垄断规定》第 6 条；国家工商管理总局，《工商行政管理机关禁止垄断行为的规定》第 2 条。

不利的推测，企业应当书面记录其作出经营决策的依据，在反垄断执法调查时，对平行行为作出合理和充分的解释。

（二）内容

横向垄断协议能够排除、限制竞争，这是对垄断协议的最关键的要求。《反垄断法》第 13 条列举了五种属于本身违法的行为，也即按照形式分析的方法直接认定这些行为违反反垄断法。这五种垄断协议分别是：（1）固定或变更商品价格；（2）限制商品的生产或销售数量；（3）分割销售市场或原材料采购市场；（4）限制购买新技术、新设备或限制开发新技术、新产品；（5）联合抵制交易。第（1）、（2）、（3）和（5）项列举的行为属于核心卡特尔，被世界各国的反垄断法禁止。第（4）项属于知识产权领域的反垄断法，法律一般倾向于禁止排除、限制技术创新竞争的行为。

反垄断执法机关可以根据《反垄断法》第 13 条第 1 款中的兜底条款，认定其他的的横向垄断协议。竞争是一个开放、动态发展过程，企业参与市场竞争的方式层出不穷，立法者和执法者不可能事先列举所有的垄断协议。对没有被列举的行为采用形式还是效果分析的方法，需要在个案中决定。

（三）豁免

《反垄断法》第 15 条规定垄断协议满足一定的条件可以被

豁免。豁免的条件适用于横向垄断协议和纵向垄断协议。豁免需要同时满足三个条件：（1）协调行为可以提高效率；（2）消费者能够分享由此产生的利益；（3）不会严重限制相关市场的竞争。第一个条件中可以提高效率的行为包括改进技术和研发新产品、标准化或专业化分工、增强中小经营者竞争力、实现节约资源等公共利益和达成危机卡特尔。另外，对于保障对外贸易和经济利益以及其他情形的豁免，《反垄断法》没有规定上述第二个和第三个条件。

三、纵向垄断协议

（一）形式

纵向垄断协议是经营者与交易相对人达成的垄断协议。简单地说，纵向垄断协议是非竞争者达成的垄断协议。纵向协议中的经营者之间没有竞争关系，处在不同的经济层面上，比如供应商和经销商之间的关系。

纵向垄断协议的形式同样有协议、决定和协同行为，其内涵与横向垄断协议的相同。实践中应当区分供应商对经销商作出的指示或命令是双方行为，还是单方行为。只有双方的行为才是协议，受垄断协议规则规制。供应商和经销商签订框架合同，默许供应商对其销售政策进行指示，属于双方行为，比如协议约定惩罚或奖励经销商实施特定的商业政策。

（二）内容

纵向垄断协议被用来限制经销商分销商品的自由。《反垄断法》第 14 条仅明确禁止固定转售价格和限定转售最低价两种纵向协议。维持转售价格的限制属于核心限制，无需分析行为的竞争效果，直接被《反垄断法》禁止。现有的《反垄断法》没有禁止其他的纵向限制，并不代表其他的纵向限制合法。比如限制转售的数量、区域和客户，一般来说也是属于核心限制，应当被禁止。当然，对于这类非价格的限制，一般都会有正当性，在经营者市场力量不大的情况下（主要以市场份额为标准），这类限制都会被豁免。

（三）豁免

《反垄断法》第 15 条豁免的规定也适用于纵向垄断协议。纵向限制对市场竞争和消费者福利的危害远没有横向限制大，并且在很多情况下有诸如避免双重定价、搭便车和鼓励投资等经济学上的正当性，因此一般可以依据《反垄断法》第 15 条被豁免。

四、滥用市场支配地位

具有市场支配地位的企业有能力单方面实施排除、限制竞争。这类企业所在的市场因为这些企业的存在，使充分竞争受到了限制，因此这类企业相对于其他中小企业来说应当承担更多的责任维护市场竞争。基于这方面的考虑，具有市场支配地位的企业的行为空间受到了很大的限制，远没有中小企业的行为空间大。《反垄断法》第17条明确禁止具有市场支配地位的经营者滥用市场地位。违反该条需要同时具备两个条件：第一，企业需要拥有市场支配地位；第二，企业滥用了市场支配地位。

（一）市场支配地位

认定滥用行为的前提是经营者在相关市场中拥有市场支配地位，界定相关市场是认定或推定市场支配地位的第一步。市场支配地位是指经营者在相关市场内具有能够控制商品价格、数量或其他交易条件，或能够阻碍、影响其他经营者进入相关市场能力的市场地位。经营者能够实质性地脱离竞争者、供应商或购买人的约束，单方面确定商品的交易条件，就会拥有市场支配地位。

确定经营者的市场支配地位，有认定和推定两种方法。认定的方法是综合考虑多个因素，确定经营者是否具有市场支配地位。在运用认定的方法时，需要针对个案情况进行具体考量单个因素，每个因素都不一定具有决定性的作用。具体而言，《反垄断法》第18条规定，认定经营者是否具有市场支配地位时应当考虑以下的因素：（1）市场份额以及相关市场的竞争状况；（2）控制销售市场或者原材料采购市场的能力；（3）财力和技术条件；（4）其他经营者对该经营者的依赖程度；（5）市场进入难易程度；（6）其他因素。

《反垄断法》第19条则是经营者市场支配地位推定的规则，按照该规定从经营者的市场份额便可推定经营者是否具有市场支配地位，其中第19条第1款第1项属于垄断推定，即一个经营者在相关市场中市场份额达到1/2，推定其具有市场支配地位；第19条第1款第2项和第3项属于寡头推定，即2个经营者在相关市场内的市场份额合计达到2/3或3个经营者的市场份额在相关市场中合计达到3/4，它们各自被推定为具有市场支配地位。此外，在寡头推定中，还需要满足所涉经营者之间没有实质性的竞争的条件，才能推企业具有市场支配地位。经营者可以对推定出的市场支配地位的结论进行反证。

（二）滥用

经营者在相关市场内拥有市场支配地位本身并不违法，《反垄断法》仅禁止经营者滥用市场支配地位的行为。因为经营者在相关市场具有市场支配地位使该市场不能有充分的竞争，因而该经营者有特别的义务保护该市场中"剩余的竞争"。

我国《反垄断法》第17条非穷尽地列举了六种滥用行为，分别是垄断定价、掠夺定价、拒绝交易、限定交易、捆绑交易、歧视交易。除此之外，反垄断执法机构可以根据第17条第1款第7项的兜底条款，认定其他类型的滥用行为。滥用行为可以大致划分为剥削性滥用、排他性滥用和结构性滥用行为。结构性滥用是指经营者实施的结构性措施、对其他经营者取得控制权，影响市场结构和市场竞争秩序。结构性滥用由经营者集中控制制度规制（《反垄断法》第4章）。因此，我国《反垄断法》第3章主要处理的是剥削性滥用和排他性滥用。这两类滥用行为的界限也不是很清楚，在很多情况下，同一个行为可以同时归属于剥削性滥用和排他性滥用行为。

五、经营者集中

《反垄断法》第4章是经营者集中控制的制度。经营者集中是经营者对其他经营者取得控制，使后者失去全部或部分的经营自主权。在横向层面，经营者集中可以促进经营者实现规模经济和范围经济；在纵向层面，它可以实现纵向融合、减少交易成本。经营者集中改变了市场结构，使竞争的格局发生变化，有可能产生排除、限制竞争的效果。经营者集中产生上述正面效果（效率）和负面效果（限制竞争）在经营者集中控制审查中都应当得到考虑。

（一）违规的风险

企业的收购与兼并行为属于经营者集中，只要营业额达到了法定的申报标准，就有义务到商务部申报。只有在商务部作出不予禁止决定后，企业才可以实施交易。企业不履行经营者集中的申报义务，导致的后果不仅是 50 万元以下的罚款，更为严重、成本更高的是被要求停止实施集中、限期处分股份或资产、限期转让营业以及采取其他必要措施恢复到集中前的状态。另外，实践中商务部在作出的附条件的不予禁止的决定时，[①] 企业遵守行为性救济条件也属于反垄断合规的内容，没有申报产生的法律后果的规定可能同样适用于违反救济条件的行为。

（二）申报条件

经营者集中制度采用事先控制的方式（ex ante control）控制企业收购与兼并的行为。经营者集中达到申报标准的，经营者应当事先向商务部申报，未申报的不得实施集中。因此，产生申报义务的前提条件是（1）经营者集中；并且（2）营业额达到标准。

《反垄断法》第 20 条规定集中发生的情形包括：（1）经营者合并；（2）经营者通过取得股权或资产的方式取得对其他经营者的控制权；（3）经营者通过合同等方式取得对其他经营者的控制权或者能够对其他经营者施加决定性的影响。设立合资企业是实践中常见的集中形式，满足营业额条件的，就应当申报。

---

① 参见《反垄断法》第 29 条。

依据国务院的《关于经营者集中申报标准的规定》，营业额有两个标准：（1）参与集中的所有经营者上一会计年度在全球范围内的营业额合计超过 100 亿元人民币，并且其中至少两个经营者上一会计年度在中国境内的营业额均超过 4 亿元人民币；（2）参与集中的所有经营者上一会计年度在中国境内的营业额合计超过 20 亿元人民币，并且其中至少两个经营者上一会计年度在中国境内的营业额均超过 4 亿元人民币。

（三）审查内容

商务部审查的内容是经营者集中是否具有或可能具有排除、限制竞争效果。[①] 审查大致分为两步：第一步商务部需要界定集中涉及的相关市场；第二步是根据经营者集中涉及的相关商品，商务部从横向效应、纵向效应和混合效应三个方面分析和预测集中对相关市场竞争带来的影响。其中横向效应是经营者集中控制的重点，需要分析集中是否产生协同效应和非协同效应。[②]

[①] 参见《反垄断法》第 28 条。

[②] 协同效应（coordinated effects），又被称为双边效应（bilateral effects），是经营者之间达成协议即可实施协调一致的行为。非协同效应（non-coordinated effects），又称为单边效应（unilateral effects），是经营者在经营者集中之后能够独自地实施排除、限制竞争的行为。

第三节　反垄断合规措施

反垄断合规体系建设的目的是采取预防措施和调查措施，促使企业员工遵守反垄断法以及企业能够及时有效地处理反垄断违规行为。反垄断合规是大型企业合规管理体系的必要的组成部分，也是中小型企业应当关注的合规领域。反垄断合规措施包括预防措施和调查措施两方面。在作出这些措施之前，反垄断合规风险的识别与分析往往起到关键的作用。

一、合规风险识别

（一）风险级别

企业规模以及涉足行业的不同，反垄断风险也不同。以企业违反反垄断法的可能性、严重程度为标准，反垄断风险可以分为无风险、较小风险、较大风险、很大风险和极高风险五个级别。一般的规律是，竞争者之间合作紧密和频繁、企业在市场中具有强势地位或企业所在的市场属于寡头市场时，反垄断风险较大。协议中涉及价格及其构成因素的，属于极高风险的合作协议。反垄断合规的重点在垄断协议、行业协会活动、滥用市场支配地位和反垄断调查。

（二）横向合作的风险

如果企业与竞争者交流频繁、联系紧密的话，企业达成或被怀疑达成核心卡特尔的可能性比较高。具体而言，企业在下面情形下会有动机达成垄断协议，有这些情形意味着至少有较大的反垄断风险。

s 企业职工或管理者经常与竞争者进行联系和交流；

s 企业与其竞争者有合作关系；

s 在管理者不知情的情况下，商品采购和销售部门的职工有可能与竞争者达成垄断协议——尤其是价格协议、划分区域协议和划分客户协议；

·企业间有市场信息交换机制；

·企业及其竞争者的市场份额很长时间内保持不变；

·行业中的竞争不激烈；

·企业所在的行业有少于 10 个竞争者；

·行业中主要是同质商品，产品创新不明显；

·行业中的商品价格发生了很大的变化；

·企业或其竞争者已是反垄断调查或处罚的对象；

·反垄断执法机关正在调查交易相对方（供应商或经销商）。

（三）纵向合作的风险

企业在纵向合作中主要是防范纵向垄断协议的风险。纵向合作主要是供应商与经销商之间的合作，两者达成的合作协议中可能会有限制转售价格、划分销售区域、划分销售客户、销售渠道、最低采购数量、非竞争等方面的条款。企业的销售部门因此属于纵向合作风险的重点关注部门，其销售人员是反垄断培训和内部调查的重点。

（四）行业协会活动的风险

企业员工参与行业协会的活动会有较大的反垄断风险。[①] 近几年行业协会协助企业达成垄断协议的案件不在少数。企业员工参与行业协会的活动，会上会下交流的内容就有可能涉及反垄断法禁止的行为，比如以交流经验或交换信息的名义谈论价格、数量、销售区域、供货或采购条件以及呼吁联合抵制其他企业等。

为了降低行业协会活动的反垄断风险，代表企业参与行业协会活动的职工应当避免与在场的同行谈论竞争方面的敏感话题。在竞争者在场的情况下，企业职工即使是单方面谈论或提到竞争方面的话题，也有可能被反垄断执法机关认为企业间有过意思联络，构成"协同行为"。如果遇到其他出席者谈论这方面的话

---

① 亚当·斯密有名言："同业人士，即便为了消遣和娱乐，也很少聚会，偶尔聚会也是为了阴谋对付公众，或谋划提高价格"（《国富论》（1776 年））。

题，员工应当立刻离开会场，以明确的态度表示反对，并且对此进行记录。参会者尽量避免在会议期间与同行在咖啡店、酒店、旅馆等地方进行非正式的接触。另外，轮流交换参会者也是降低反垄断风险的有效措施。

（五）滥用市场支配地位的风险

具有市场支配地位的经营者面临着较大的反垄断风险。中小企业可以做的，具有市场支配地位的企业同样做了，可能就是滥用行为。因此，具有市场支配地位的企业在制定价格、折扣等方面的商业条件时，应当征求合规部门的意见。

（六）经营者集中的风险

相对来说，经营者集中的反垄断风险较小。企业在收购或兼并其他企业或设立合资企业时，是否需要到商务部申报，一般由法务部或外部律师分析决定，在必要情况下，合规部门可以参与。在商务部作出附限制性条件的不予禁止决定时，合规部在落实和监督"行为性救济措施"时可以发挥更大的作用。

二、合规预防措施

针对上述的反垄断风险，企业应当根据自己的情况采取适当的合规措施。大型企业的合规部门应当配备专门的反垄断合规专员，中小型企业由于资源限制，更多的是从外部获得合规服务。

（一）合规承诺

企业管理者和职工承诺反垄断合规，使合规成为企业文化，这是反垄断合规体系建设的起点。让企业管理者和职工认识到反垄断违规的严重后果，是他们做出合规承诺的基础。合规承诺不是口号或简单的文本工作，而是体现在企业管理者和职工的具体行动中。为此，企业管理者应当积极参与反垄断合规培训或作出合规承诺书，对外释放明确的信号，表明高层管理者的声音。由于中层管理者直接管理和指示普通员工的工作，因此中层管理者对反垄断合规的态度应当同样明确。

（二）培训

企业员工面临较大的反垄断风险时，必须进行反垄断合规培训。培训目的不是掌握反垄断法，而是强化反垄断的问题意识，使员工在遇到具体问题时能够正确地处理反垄断问题。培训的重点内容是横向垄断协议，核心卡特尔是重中之重；其次是纵向垄断协议、滥用行为和应对反垄断调查。培训的对象以销售和采购部门的工作人员为主。另外，经常和竞争者接触、参加展会和行业协会的员工也应当参加培训。员工参与合规培训、学习行为准则的，都应当有书面文档，由员工签字并且存档。

培训的内容要有区分。接受培训的职工一般没有受过法律教育，培训的内容应当清楚、直接、明白，因此培训的内容大部分属于本身违法的垄断行为。对于法律状况不清或复杂的情况——要是需要效果分析的垄断行为，培训人应当指明可能涉及的反垄断风险，告诉参加培训的人如果遇到这类问题，应当联系企业的法务部门进行后续的处理。

反垄断合规培训有现场培训和在线培训两种。现场培训采取讲授、对话、问答等形式。培训人在培训中通过对话、问答往往会发现企业的反垄断风险和违规线索。在线培训成本低、灵活方便、形式多样，是不可或缺的培训形式。

（三）咨询热线

设立咨询热线有利于实时、持续地为企业员工遇到反垄断合规方面的问题提供咨询。咨询热线设立在合规部门中，有专业的合规官负责提供咨询。提供咨询的合规官应当对整个企业或企业部门的反垄断风险有充分的了解。咨询热线号码应当在企业内网、合规手册或在培训中公开。另外，咨询热线应当和举报热线明确分开。

（四）举报热线

设立"举报热线"可以让企业内部员工或外部人员匿名通过电话或者邮箱举报反垄断违法行为。设立举报热线是举报人制度的重要组成部分，有利于企业职工、客户、供应商和经销商通过匿名方式为企业提供反垄断违规的线索。反垄断违规一般都是秘密进行，举报热线的设立有利于企业得到违规的信息，及时采取措施——尤其是采取调查措施，尽快地到反垄断执法机关自首，进而免除或减轻处罚。举报热线应当外包给服务商，以保证举报人的身份得以保密和举报得以有效地处理。

（五）合规制度

企业识别出反垄断风险后，应当制作《反垄断合规手册》等合规方面的文件，使反垄断合规制度化、流程化，操作性更强。在合规手册中应当让企业职工明确哪些行为是允许的、哪些行为是不允许的，以及给职工在遇到反垄断问题时给出具体、明确的指示该如何行动。相关的规定比如有：销售人员如何和竞争者以及销售商打交道、参加行业协会的活动允许和不允许交流的内容，以及针对不同的反垄断违规行为采取的警告、换岗和辞退等惩罚措施。另外，合规部门的设置、职权、合规官的情况以及培训制度、举报制度等都需要通过书面文件确定下来，当然这项工作是合规管理体系建设的一般性要求。

最后，还需要建立记录和批准制度。对于企业职工可能从事反垄断风险较大的行为，企业应当有记录和批准制度。对于反垄断风险很大的行为，员工应当取得企业批准后才可以实施该行为，事后员工还应当提交书面报告。

三、合规调查措施

(一) 专项调查

通过培训、咨询热线、举报热线等渠道获得反垄断违规线索后，合规部门应当及时采取调查措施做出处理的决定。这样做的目的，一是兑现合规承诺和强化合规文化；二是对违规人员进行惩罚，起到警示作用；三是企业借此发现合规漏洞，不断地完善合规管理体系；四是最快地到反垄断执法机关申请免除或减轻处罚。

调查制度包括举报人保护制度和调查程序制度。在调查制度中应当明确举报制度线索的获得、调查流程、调查结果、惩罚方式以及到执法机关申请宽大处理等方面的规则。

1. 举报制度

违规线索往往通过举报热线获得，如何设置举报热线和处理线索的原则和流程，应当制度化。设置举报热线应当遵循匿名举报、公正处理、独立设置的原则。举报人可能是企业的员工、客户、供应商或经销商，其身份应当保密。不能因为这些人举报而被辞退、停止采购或供货或受到打击报复。

2. 调查程序

企业应当明确调查的程序或流程，包括调查的步骤、参与的调查人员及其权利义务等。与行政处罚程序类似，合规调查同样需要遵守无罪推定、听证、保密和合比例等法治国家的原则。

针对密谋固定商品价格、数量、客户等核心卡特尔的行为，合规官询问涉嫌企业职工之前，应当做好充分的准备，设计好询问流程、问题和策略，有效地让企业职工主动坦白违法行为。为此，可以采取多次询问和书面记录的方式，让涉案人员的谈话出现前后不一致的问题，迫使其坦白问题。另外，企业可以制定"宽大处理制度"，对不是主动参与垄断协议或不起主要作用的人免除惩罚，促使其坦白相关的信息。

3. 决定

合规调查程序结束后，无论是否发现反垄断违规行为，企业都应当作出调查决定。合规部门应当在决定中说明调查的过程、主要的发现、建议的处理措施。建议的处理措施包括人事处理决定、民事赔偿以及是否有必要到反垄断执法机关申请宽大处理。人事处理决定包括警告、换岗和辞退等方面的惩罚措施；可以按照比例原则，对严重程度不同的垄断行为，采取不同的惩罚措施。

反垄断执法机关的宽大处理制度促使企业主动交代违法行为和提供重要证据，企业可以根据调查的深度和掌握的证据的情况来决定是否到反垄断执法机关申请宽大处理。企业如果发现其行为违反反垄断法，应当对该行为的严重程度和风险进行分析。即使这样，在决定停止该违法行为时，应当考虑参与该垄断行为的其他企业是否会到反垄断执法机关申请宽大处理。这时会出现因徒困境，企业的最优策略时尽早到反垄断执法机关申请宽大处理。①

（二）常规调查

反垄断常规调查是企业在没有反垄断违规嫌疑的情况下自发进行的一般性调查。常规调查的主要目的是检查合规措施的落实情况和测试合规体系的稳健性。通过常规检查企业能够发现现有合规体系的不足和漏洞，完善和更新合规体系。常规调查也是第三人评价合规体系是否有效的指标，有利于企业进行合规抗辩。

1. 准备工作

在常规调查的准备阶段，企业合规部首先应当确定调查人，调查人可以由企业内部的合规官担任，也可以由外部的律师担任。然后由企业合规部确定常规检查的内容，包括合规措施的落实情况和反垄断风险导向的检查以及模拟突击检查。最后，合规部应当制定常规调查的计划，确定调查目的、问题、对象、文件和流程等。

2. 风险导向的调查

通过合规风险识别确定被调查的部门，以及根据反垄断合规风险的领域决定调查的合规问题。决定调查哪些问题主要由国家

---

① 这有利于申请宽大处理和减轻处罚，参见《关于认定经营者垄断行为违法所得和确定罚款的指南》（征求意见稿）第 26 条（从轻减轻情节）："……（3）配合行政机关查处违法行为有立功表现的；（4）主动消除违法行为危害后果的；（5）主动减轻违法行为危害后果的；……。"

市场监督管理总局近期关注的问题或专项执法活动为导向（比如汽车业医疗市场的垄断问题），以及由自身的风险情况决定。如果企业处在寡头市场中，经常与竞争者接触，那么需要重点调查横向垄断协议的风险；如果企业经常参与行业协会的活动，与同行经常交流和接触，行业协会活动的风险是常规调查的重点；如果市场中的价格长时间保持稳定，市场份额长时间保持不变，横向垄断协议（包括协同行为）应当是调查的重点。如果调查滥用市场支配地位的行为，则需要识别调查涉及的商品市场以及准备相关的法律和经济分析。

3. 合规措施执行情况的检查

常规调查的重点也可以是检查反垄断合规措施的落实情况。检查的内容包括反垄断培训、咨询、举报、手册和文档记录等落实情况。检查的手段包括现场调查和访谈等。检查应当从企业高层开始，最后是基层职工的落实情况，体现"上层管理者的声音"和"中层管理者的声音"的合规管理理念。

4. 模拟突击检查

模拟突击检查（mock dawn raids）① 是外部律师受企业委托模拟反垄断执法机关突击检查，以帮助企业合法适当地应对反垄断执法机关的调查。为了使模拟调查更有效，企业事先没有通知职工，由外部律师模拟执法工作人员搜查职工的办公室和询问员

---

① 突击检查（dawn raids），又被称为黎明突袭，是因为执法机关在黎明时刻、企业职工刚上班时对企业的办公场所突击进行检查，能够使调查更有效果。

工涉嫌的违法行为。模拟突击检查不仅可以发现反垄断违规的线索，也可以检查职工在检查中的应对行为是否合法和适当。

5. 决定

常规调查结束之后，应当作出调查决定。调查决定的内容包括调查的目的、内容、过程、发现、结论和建议等。如果有发现反垄断违规行为，这也应当成为调查决定的内容。因为常规调查的目的是发现问题和优化合规体系，所以调查决定的重点应当是总结合规措施的落实情况、存在的问题以及提出优化反垄断合规体系的具体措施。

第十一章 结 论

　　合规型监管是执法机关以合规作为监管手段对市场和企业实施的监管手段。作为一种新型的和体系化的市场监管模式，自2018年我国"合规元年"以来，在商法、经济行政法及经济刑法等领域得到广泛的运用。合规型监管是一种市场友好型并能够优化企业营商环境的措施，能够激发企业从事合规管理的积极性，并主动承担企业的社会责任和遵守市场的道德规范。

　　本书展现的合规型监管是一种体系化的社会治理模式。合规型监管的主体的是公共管理组织，包括立法机关、执法机关、司法机关和行业协会等。合规型监管的对象是企业。合规型监管的组成部分包括企业法中的合规治理、经济法中的合规监管和刑法的合规不起诉制度。

　　一、就全书而言，关于合规有以下的基本论点：合规是指规则得以遵守。具体而言，合规是组织为确保其遵守所有的与组织活动相关的法律、道德、行业和组织内部的要求而实施的管理行为。而企业合规是指企业实施的确保其遵守法律法规、内部规章制度和道德规范的管理行为。从这些定义可以看出，合规是一种管理行为。合规的目的是预防和处理不合规行为，且从合规风险识别和控制的角度，以规范化的管理流程，实现有效合规管理。因此，合规与风险、组织、程序及策略有紧密关系。脱离公司治理、风险管理、内部控制、内部审计、公司战略、组织及其文化的合规管理，最终必然是片面的和无效的合规管理。

二、企业法中的合规治理将合规作为公司治理的组成部分，在公司董事的勤勉责任中落实合规管理义务。这一部分的合规治理需要在我国的上市公司治理守则中得以体现，成为公司法的一个义务。现有的公司法并没有明确回应合规治理的作用。在未来的公司法修改和公司法司法实践中，合规治理的模式应当得以明确和重视。

三、合规在行政执法中应当得到重视。除早期 2006 年的《商业银行合规风险管理指引》及 2016 年的《保险公司合规管理办法》，"合规元年"后 2020 年的《经营者反垄断合规指南》是行政法中合规发挥积极作用的典范。2021 年，市场监督管理总局不仅对阿里巴巴集团作出处罚决定，而且发出《行政指导书》，其中包括建议阿里巴巴集团"完善企业内部合规控制制度"。这是合规型监管在行政执法中的典型。不过，合规在行政执法中地位还不够高，还没有得到足够的重视。行政机关应当重视企业在案前在合规管理方面的努力和投入，认可企业的合规抗辩的权利，并发挥行政案件中合规整改和第三方合规监管人的作用。

四、合规不起诉应当成为刑事诉讼法中确定的制度。自2020年3月起，最高人民检察院在六家基层检察院开展企业合规改革第一期试点工作。试点检察院对民营企业负责人涉经营类犯罪，依法能不捕的不捕、能不诉的不诉、能不判实刑的提出适用缓刑的量刑建议。同时，人民检察院探索合规在其中发挥的关键性的意义。合规型监管的理念是宽恕。对于已经犯罪的企业，检察机关如果能够认可企业之前的合规方面的努力和投入，给企业整改的机会，预防类似的犯罪行为不再发生，这将是一个经济刑法领域的重大突破。其中，第三方监管及监管人应当参与到合规整改当中，促进企业优化刑事合规管理体系。

五、合规标准和指引应得到企业、执法机关及司法机关的重视。国际标准化组织的《合规管理体系要求及使用指引》成为国际性的合规认证的标准。我国的标准制定机关正在将该标准转化为国内标准，使我国的企业在合规管理方面有了参考依据，执法机关和司法机关在办案中有了可供参考的标准。当然，合规管理本身是灵活和多样的，合规标准也应当是多样的。所以，除了国际标准化组织和国家标准化管理委员会制定的合规管理体系标准和专项合规标准，行业协会和研发机构以及企事业单位等制定的合规标准，也应当成为评价合规体系有效性的参考标准。

六、探索制定合规法典。合规的理念渗透到法律的各个部门。如果将合规的基本规则、合规体系、合规文化、合规认证、合规审计、合规抗辩及合规不起诉等诸多的合规基本问题，整合成为一部法律或法典，不仅能够彰显合规在国家社会治理、营商环境建设和经济法律政策方面的重要地位，而且有助于企业建立和运行合规体系，提供指引，并给行政机关和司法机关运用合规规范和标准提供法律依据。

参考文献

陈瑞华：《企业合规基础理论》，法律出版社 2020 年版。

宫讯伟等：《采购全流程风险控制与合规》，机械工业出版社 2020 年版。

郭青红：《企业合规管理体系实务指南》，人民法院出版社 2020 年版。

［加］约翰·赫尔：《风险管理与金融机构》，王勇、董方鹏译，机械工业出版社 2019 年版。

胡国辉：《企业合规概论》，电子工业出版社 2018 年版。

华东师范大学企业合规研究中心编：《企业合规讲义》，中国法制出版社 2017 年版。

［美］科茨：《金融监管与合规》，邹亚生等译，中国金融出版社 2018 年版。

吴巍：《企业营商风险与合规指引》，法律出版社 2020 年版。

于莽：《规·据——大数据合规运用之道》，知识产权出版社 2019 年版。

张荣刚：《风险与危机管理研究》，中国财政经济出版社 2019 年版。

郑石桥：《合规审计》，中国人民大学出版社 2018 年版。

中华全国律师协会：《中国企业"走出去"合规理论与实践论文选》，北京大学出版社 2020 年版。

贾旭东：《现代企业管理》，中国人民大学出版社 2020 年版。

段磊、刘金笛：《企业文化：建设与运营》，企业管理出版社 2021 年版。

［美］曼昆：《经济学原理》，梁小民、梁砾译，北京大学出版社 2017 年版。

周万里主编：《合规学高等教育及其课程设计》，法律出版社 2021 年版。

周万里主编：《企业合规学》，中国法制出版社 2021 年版。

［德］斯蒂芬·格伦德曼：《欧盟公司法》（上）：基础、公司治理和会计法，周万里译，法律出版社 2018 年版。

［德］斯蒂芬·格伦德曼：《欧盟公司法》（下）：公司金融、并购、欧盟公司和破产法，周万里译，法律出版社 2018

年版。

[奥] 恩斯特·A. 克莱默：《法律方法论》，周万里译，法律出版社 2019 年版。

[德] 斯蒂芬·格伦德曼、[德] 卡尔·里森胡贝尔主编：《20 世纪私法学大师》，周万里译，商务印书馆 2021 年版。

[德] 丹尼尔·齐默尔：《数字经济：对竞争政策的一个挑战?》，周万里译，韩伟主编：《创新在竞争法分析中的角色》，法律出版社 2020 年版，第 259—266 页。

周万里、陈泉程：《中兴通讯出口管制案的合规分析》，《新产经》2019 年第 4 期，第 44—48 页。

周万里：《反垄断合规风险》，《新产经》2019 年第 3 期，第 41—42 页。

周万里：《数字市场反垄断法——经济学和比较法的视角》，《中德法学论坛》2018 年第 15 辑，第 37—58 页。

周万里：《〈德国反限制竞争法〉的第九次修订》，《德国研究》2018 年第 4 期，第 78—89 页。

周万里：《德国营商环境评估的实践与经验》，《师大法学》2018 年第 3 辑，第 162—164 页。

周万里：《有效合规管理的十大要素》，《新产经》2018 年第 10 期，第 37—39 页。

周万里：《企业合规基础》，华东师范大学企业合规研究中心编：《企业合规讲义》，中国法制出版社 2018 年版，第 1—

23 页。

周万里：《反垄断合规》，华东师范大学企业合规研究中心编：《企业合规讲义》，中国法制出版社 2018 年版，第 241—267 页。

合规管理标准精选

国家标准化管理委员会：《合规管理体系指南》，2017 年。

国务院国资委：《中央企业合规管理指引（试行）》，2018 年。

国家发展改革委等七部门：《企业境外经营合规管理指引》，2018 年

美国裁判委员会：《联邦量刑指南》，2018 年。

美国司法部刑事局：《企业合规计划评估》，2020 年。

美国司法部、证券交易委员会：《反海外腐败法信息指南》，2020 年。

英国司法部：《反贿赂法指南》，2010 年。

澳大利亚标准委员会：《合规体系》，2006 年。

德国 TÜV 莱茵：《合规管理体系标准》 （TRCMS 101：

2015），2015 年。

德国 TÜV 莱茵：《合规管理体系指南》 （TRCMS 100：2015），2015 年。

康斯坦茨公司治理研究院：《合规管理体系指南》，2014 年。

德国合规研究院：《合规管理体系》，2021 年。

德国审计师协会：《合规管理体系合理评估的原则》，2011 年。

奥地利标准化研究院：《合规管理体系要求及使用指南》，2014 年。

瑞士经济协会：《有效合规管理的原则》，2014 年。

经济合作组织：《内控、道德及合规最佳实践指南》，2010 年。

国际标准化组织：《合规管理体系指南》（ISO 19600），2014 年。

国际标准化组织：《反贿赂管理体系》（ISO 37001），2016 年。

国际标准化组织：《合规管理体系要求及使用指南》（ISO 37301），2021 年。

国际标准化组织：《举报管理体系指南》（ISO 37002），2021 年。

责任编辑：赵圣涛
封面设计：王欢欢
责任校对：吕　飞

图书在版编目（CIP）数据

合规型监管研究/周万里 著. —北京：人民出版社，2021.11
ISBN 978－7－01－023744－2

Ⅰ.①合…　Ⅱ.①周…　Ⅲ.①企业管理-研究　Ⅳ.①F272

中国版本图书馆 CIP 数据核字（2021）第 184831 号

合规型监管研究
HEGUIXING JIANGUAN YANJIU

周万里　著

人民出版社 出版发行
（100706　北京市东城区隆福寺街 99 号）

中煤（北京）印务有限公司印刷　新华书店经销

2021 年 11 月第 1 版　2021 年 11 月北京第 1 次印刷
开本：710 毫米×1000 毫米 1/16　印张：13.5
字数：240 千字

ISBN 978－7－01－023744－2　定价：59.00 元

邮购地址 100706　北京市东城区隆福寺街 99 号
人民东方图书销售中心　电话（010）65250042　65289539